"品读南京"丛书

丛书主编

曹路宝

# 南京历代经典文物

曹志君 吴阗 编

南京出版传媒集团

南京出版社

图书在版编目（CIP）数据

南京历代经典文物 / 曹志君，吴阗编. -- 南京：
南京出版社，2018.2
（品读南京丛书）
ISBN 978-7-5533-2096-0

Ⅰ.①南…　Ⅱ.①曹…②吴…　Ⅲ.①文物—介绍—
南京　Ⅳ.①K872.531

中国版本图书馆CIP数据核字（2018）第003620号


丛 书 名：品读南京
书　　 名：南京历代经典文物
丛书主编：曹路宝
本书作者：曹志君　吴　阗
出版发行：南京出版传媒集团
　　　　　南 京 出 版 社
　　　社址：南京市太平门街53号　　　　邮编：210016
　　　网址：http://www.njcbs.cn　　　　电子信箱：njcbs1988@163.com
　　　天猫1店：https://njcbcmjtts.tmall.com/　　天猫2店：https://nanjingchubanshets.tmall.com/
　　　联系电话：025-83283893、83283864（营销）　025-83112257（编务）

出 版 人：朱同芳
出 品 人：卢海鸣
责任编辑：鲍咏梅　焦　博
装帧设计：潘焰荣
责任印制：杨福彬

排　　 版：南京新华丰制版有限公司
印　　 刷：南京工大印务有限公司
开　　 本：787毫米×1092毫米　1/16
印　　 张：14.25
字　　 数：210千
版　　 次：2018年2月第1版
印　　 次：2018年2月第1次印刷
书　　 号：ISBN 978-7-5533-2096-0
定　　 价：58.00元

天猫1店　　　天猫2店

# 编 委 会

# 目 录

## 唐宋篇

## 元明清篇

# 前　言

　　本书的"关键词"为南京、历代、经典、文物。历代的南京，求之丰富的文献，证以经典的文物，人类史约60万年，城市史近2500年，都城史起自1800余年前，累计450多年。虽然仅以时间而言，这样的人类史、城市史、都城史，放眼禹迹九州，并非卓然特立；而若考其内涵、明其象征，则南京之人类活动史、城市变迁史、都城发展史，便具有了不仅南京本身、而且南方地域的崛起意义，不仅南方地域、而且中华大地的标志性质，其中的关键，又在古都南京的兴衰起伏。而《南京历代经典文物》的宗旨与取义，即在以百余件出土或收藏于南京地区的经典文物，鲜活展现南京的历史与文化、细致描摹南京的人物与故事，寄寓我们对悠久过往的缅怀与自豪，表达我们对美好未来的期盼与向往。

　　姑且跳过文物所开启的南京人类史与南京城市史，即60万年前的汤山直立人、2491年前的范蠡筑越城，径直回到1800余年前的东汉建安年间。其时，孙权在京（今镇江），长史张纮劝说孙权道："秣陵，楚武王所置，名为金陵。地势冈阜连石头，访问故老，云昔秦始皇东巡会稽经此县，望气者云金陵地形有王者都邑之气，故掘断连冈，改名秣陵。今处所具存，地有其气，天之所命，宜为都邑"，又建安十五年（210年），"刘备之东，宿于秣陵，周观地形，亦劝（孙）权都之"（《三国志·吴书·张纮传》注引《江表传》），于是211年孙权迁治秣陵，次年改名建业，意在"建功立业"，由此开启了南京作为六朝京都乃至十朝都会的兴衰起伏的漫长历程。

作为六朝京都乃至十朝都会，南京之兴之起之辉煌，如东晋南朝建康，梁朝沈约《宋书》所引外国使臣的描述是这样的："城郭庄严，清净无秽，四衢交通，广博平坦，台殿罗列，状若众山，庄严微妙，犹如天宫……都人士女，丽服光饰，市廛丰富，珍贿无量……四海流通，万国交会"；如即便迁都北京以后的大明南都，意大利传教士利玛窦（Matteo Ricci）的《中国札记》仍然如此赞誉："论秀丽和雄伟，这座城市超过世上所有其他的城市，而且在这方面，确实或许很少有其他城市可以与它匹敌或胜过它。它真正到处都是殿、庙、塔、桥，欧洲简直没有能超过它们的类似建筑……在整个中国及邻近各邦，南京被算作第一座城市"；又1919年，孙文回顾与展望南京这座十朝都会而由衷感慨道："南京为中国古都，在北京之前，而其位置乃在一美善之地区。其地有高山，有深水，有平原，此三种天工，钟毓一处，在世界中之大都市诚难觅此佳境也。而又恰居长江下游两岸最丰富区域之中心……南京将来之发达，未可限量也。"

至于作为六朝京都乃至十朝都会的南京，其衰其伏其沧桑，又尤其令人怀古，促人思考。如晚唐韦庄之诗："江雨霏霏江草齐，六朝如梦鸟空啼。无情最是台城柳，依旧烟笼十里堤"；如清初孔尚任之曲："俺曾见金陵玉殿莺啼晓，秦淮水榭花开早，谁知道容易冰消！眼看他起朱楼，眼看他宴宾客，眼看他楼塌了！这青苔碧瓦堆，俺曾睡风流觉，将五十年兴亡看饱。那乌衣巷不姓王，莫愁湖鬼夜哭，凤凰台栖枭鸟。残山梦最真，旧境丢难掉，不信这舆图换稿！诌一套《哀江南》，放悲声唱到老"；又如民国朱自清之文："逛南京像逛古董铺子，到处都有些时代侵蚀的遗痕。你可以摩挲，可以凭吊，可以悠然遐想。想到六朝的兴废，王谢的风流，秦淮的艳迹……"

然则兴衰起伏的历程、辉煌沧桑的变迁，共同铸造出南京这座进取而非偏安的华夏正统之都、坚韧而且光荣的中国文化之城。即以世所颂扬的中国四大古都西安、北京、洛阳、南京言，虽然就建都时间的长短、统治地区的大小来排序，南京位居第四，其屹为中国南方第一的古都，却是经历 1800 余年而不易的事实。这样的事实，既蕴涵着深刻的历史记忆，所谓"此四都之中，文学之昌盛，人物之俊彦，山川之灵秀，气象之宏伟，以及与民族患难相共、休戚相关之密切，尤以金陵为最"（朱偰《金陵古迹图考·自序》）；也滋养着当今的城市人文，即过往的十朝仍然活在现实的南京。我们可以认为，精神的南京属于六朝，那是一种洒脱；文学的南京属于唐朝和南唐，那是一种深刻；物质的南京属于明朝，那是一种天人合一；教训的南京属于太平天国，那是一种警戒；建筑的南京属于民国，那是一种中西合璧。再推而言之，如果说理解中华民族看北京，因为北京是游牧民族的大元、农耕民族的大明、狩猎民族的大清共同而且连续的都城；那么，理解华夏民族就看南京了，因为南京乃华夏文化的薪火相传之地，是军事上或被征服、而文化上总反征服的伟大都城。

作为南方的都城，在中国历史的改朝换代中，南京几度辉煌，又几度沉寂。"江南佳丽地"，南京的山水城林依然佳丽迷人；"金陵帝王州"，南京的帝王宫殿已归灰飞烟灭。近 2500 年的城市史，450 多年的都城史，南京创造了多少灿烂的物质文化、丰富的精神文明；多番劫难、六次毁城，南京失去了多少令人扼腕的亭台楼阁、让人痛心的范围寺观。也许，立足于帝制时代的政治史，我们可以说历史没有厚待南京、珍惜南京、敬重南京；反过来，执着于弘扬传统文化、传承历史遗产的我们，今天更要厚待历史、珍惜历史、敬重历史。

因为这样的厚待、珍惜与敬重，南京正在陆续推出规模巨大、完全存真的《金陵全书》，藉以为古城故都的南京汇集传世文献，更加充满文化自信地走向未来。

也是因为这样的厚待、珍惜与敬重，南京正在持续出版体量小巧、选题丰富的"品读南京"丛书，藉以为古都新城的南京彰显历史记忆，品读自然与人文交融、最优最美最适合人居的南京。

我们有幸，常年从事着文物工作。我们珍爱着这些传世的文物，它们为南京写真；我们期待着"地不爱宝"，那些不断出土的文物，为南京添彩。我们探索着"文物"之为"物",更思考着"文物"之为"文"。我们痴迷于文物有着文献典籍无法展现的生动与充满意味的细节,我们期望着把我们钻研"南京宝藏"的心得体会,与同行们、同好们分享……

感谢"品读南京"丛书编委会,让我们的期望得以落实,于是有了这本《南京历代经典文物》。书中分期展示与"通俗"解说的百余件(套)文物,主要来自南京市博物总馆和南京博物院的藏品,这些千里挑一甚至万里挑一的"经典"文物,或各具典型意义、代表价值,或联系着重大的事件与人物、重要的思潮与文化,而将它们组合在一起,就仿佛是文物拼成的南京市域与南京城市的《清明上河图》,但比《清明上河图》更加真实、丰富与细致,又仿佛是文物绘出的《南都繁会图》,但比《南都繁会图》时间更长、空间更广!

习近平总书记曾多次强调:要让文物说话,让文物活过来,保护好、管理好、研究好和利用好凝结着中华民族传统文化的文物,给当代人以民族自信和历史启迪。《南京历代经典文物》的编著,也是我们践行习总书记的指示、面向大众宣传普及文物的一次尝试吧。我们也期待着,读者朋友们携此小书,走进南京博物院、南京市博物馆、六朝博物馆、江宁织造博物馆、太平天国历史博物馆、中共代表团梅园新村纪念馆、渡江胜利纪念馆、南京市民俗博物馆、南京市文化遗产保护研究所、南京市考古研究院,近距离乃至零距离地观赏这些经典文物,进而感受那如同银河般星光璀璨的南京万千文物……

远古篇

# 南京猿人头骨化石

● 旧石器时代
● 1993 年南京市江宁区汤山葫芦洞出土
● 现藏南京市博物馆

　　众所周知，人类的起源与进化一直是自然科学家孜孜不倦探讨研究的问题。考古发现表明：中国是世界上发现古人类化石（主要是直立人阶段的化石）最多的国家。著名的北京猿人、云南元谋人、陕西蓝田人、四川巫山人、湖北郧县人、安徽和县人的发现，使中国成为研究直立人阶段人类体质特征、起源、发展等问题的中心所在。1993 年在南京汤山的一次偶然发现，改写了南京人类活动的历史。

　　汤山位于南京市江宁区，西距中华门 18 公里，地处宁镇山脉西端，位于分水岭地带。受自然地质条件的作用和影响，汤山的岩溶现象十分明显，形成多种形态的喀斯特地貌。

　　1993 年，当地政府在对葫芦洞进行旅游资源开发时，发现了一具古人类的头骨化石（编号为 1 号头骨）和一批动物化石标本。随后，文物部门又从接收的动物化石中发现 1 具头骨化石（编号为 2 号头骨）。同年 12 月至次年 1 月，南京市博物馆和北京大学考古系联合进行考古发掘，共获得 2000 余件古脊椎动物的化石标本以及 1 枚古人类牙齿化石。出土的动物化石至少有 6 目 15 科 22 属 24 种，其中有属食肉目的棕熊、中国鬣狗、虎、豹、中华貉、狐、猪獾；偶蹄目的李氏野猪、肿骨鹿、葛氏斑鹿、小型鹿、水牛；奇蹄目的梅氏犀、三门马及长鼻目中的剑齿象等。

两具古人类头骨化石中，1 号头骨比较完整，面颅保存部分有：眶上圆枕、鼻骨、颧骨、上颌骨。左侧眼眶保存完整，右侧眼眶仅存上内侧壁。脑颅保存部分有：额骨、顶骨、蝶骨、颞骨、枕骨。枕骨保存完整，枕骨大孔后缘稍残，枕骨基底部缺失，额骨低平且向后倾斜，眉脊部分粗壮向前凸出，骨壁较厚，具有明显的原始性。2 号头骨保存了完整的颅骨部分，更厚重粗壮。其特征介于直立人和早期智人之间，在形态上比北京直立人和 1 号头骨更进步。其额骨上的正中矢状隆起低而宽，不同于中国直立人，而与欧洲及非洲的直立人和早期智人相近，为中国古人类连续进化附带杂交和现代人多地区起源的学说提供了重要的依据。

关于两具头骨具体年代等问题，至今尚有争议。最初的观点认为，1 号头骨属于一名 30 岁左右的女性，2 号头骨属于一名 35 岁左右的男性，发现的 1 枚人牙属右上第 3 臼齿，属于一名 35 岁左右的个体，其生存年代为距今约 35 万年；2004 年，有关最新研究成果表明，1 号头骨属于一名 21—35 岁的壮年女性，距今约 60 万年。2 号头骨属于一个壮年男性个体，距今约 23.9 万年。发现的 1 枚人牙属右上第 2 臼齿，属于一名 20 岁左右的个体。

汤山古人类化石发现后被正式命名为"南京直立人"，或称"南京猿人"。它的发现把南京地区人类活动的历史推进到距今 60 万年前，是我国旧石器时代考古、古人类学和古动物学研究领域的重大收获，对于研究古人类分布、演化历程以及长江中下游古环境等有着十分重要的意义，被列为 1994 年度"全国十大考古新发现"和"八五期间全国十大考古新发现"。2006 年，汤山葫芦洞古人类与古动物化石地点被列为全国重点文物保护单位，现已建成博物馆并对外开放。

（龚巨平）

# 雨花石

● 新石器时代
● 1958 年南京市鼓楼区北阴阳营遗址出土
● 现藏南京博物院

　　北阴阳营遗址新石器时代墓葬中的随葬品，共出土 76 枚雨花石，它们大小相似，直径为 3—5 厘米，有的出自死者身边，有的出自死者口中。石子都为自然砾石，质地多为玉髓，其中不乏色彩斑斓、花纹绚丽者。

　　这些石子并不产于遗址所在的鼓楼岗一带，可能是来自南京南郊的雨花台一带。当时人们应是有意识地从他地采集而来，其用途可能是供人把玩或用于随葬，有的出自死者口中，可能代表着某种原始宗教信仰。

　　北阴阳营文化是宁镇地区具有代表性和典型性的新石器时代文化，以南京鼓楼岗北阴阳营遗址而得名。北阴阳营遗址位于长江南岸今鼓楼岗以西的南京大学北部岗地上，海拔 12—18 米，金川河自南向北流经其西侧，通入长江。北阴阳营遗址是一个圆阜形的土墩，面积约 7100 平方米，1955—1958 年由考古人员共进行了四次发掘。遗址可划分为新石器时代、商代、西周三个文化层，各层的遗迹、遗物相当丰富，其中新石器时代文化年代为距今五六千年左右。

　　考古人员对北阴阳营遗址的发掘，可以生动而具体地说明五六千年前南京原始居民的生活和生产情况。他们在鼓楼岗的傍水高地上建立了南京第一批原始村落。他们分区划分居住区和墓葬区，在居住区修建大大小小的房子，在房子周围挖掘一些口大底小的窖穴用于储藏食物和其他物品；他们制作多种形制和颜色的陶器用于储藏、取水、炊煮和食用等；制作石锛、石斧、石刀等石器工具进行农业生产，平时也会狩猎捕鱼，来满足生活多方面需求；还会将硬度较大的玉石或玛瑙加工成各式各样的装饰品用于观赏或佩戴来满足审美需求；他们已有自己的埋葬习惯，当有人死亡后，如同后来"事死如事生"之说，会给死去的人准备在另外一个世界里要用的东西，如石器工具、陶器用具和生前佩戴的玉石装饰品，其中就有于他地采集而来的雨花石。

　　北阴阳营遗址是南京地区较早的一个古人类居住地，其遗存给我们展现了原始居民当时在鼓楼岗生产、生活的场景及其对美的精神追求，他们创造内涵丰富的原始文化，为南京这座文化之城后来的绚丽绽放奠定了基础。

（杨平平）

# 兽面纹玉梳背饰件

● 新石器时代晚期
● 1974 年南京市江宁区陶吴昝庙遗址出土
● 现藏南京市博物馆

　　兽面纹玉梳背饰件，高 4.2 厘米、上宽 7.2 厘米、下宽 6.4 厘米、厚 0.4 厘米。浅青色玉石，有褐色斑点。倒梯形，上端为弧线形冠，下端有三个扁榫，榫部有圆孔。两面镌刻兽面纹，以重叠弧线宽带为眉，以双重圆圈为眼，以重叠横线宽带为鼻，以双线勾出双唇表示口部。整体制作规整，纹饰线条刚劲，治玉工艺水平高超。

　　昝庙遗址是宁镇地区一处重要的古文化遗址，时代大约为新石器时代末期到西周时期，位于南京市江宁区陶吴镇以东 1 公里处，地处秦淮河平原上。昝庙遗址的文化层堆积分为上、下两层。下层为新石器时代文化遗存，距今约 5000 年。新石器时代文化遗迹主要有红烧土堆积和墓葬，根据迹象分析，红烧土当是破损的陶窑窑壁。出土的生产工具有石斧、石锛、石刀、石凿和陶纺轮，生活用具有鼎、罐、壶、盆、豆等陶器，玉器有璧、环、佩等。陶器装饰纹样较为丰富，主要有弦纹、划纹、捺印纹、附加堆纹和镂刻的圆形、弧边三角形、菱形图案等。

昝庙遗址的文化遗存中最值得重视的就是出土的具有明显良渚文化风格的遗物。在遗址的下文化层中发现了4座墓葬，共出土玉、石、陶器14件。此外还有成组出土的采集品。

与玉梳背饰件同出的玉器还有玉璧、玉璜等。根据玉梳背冠部形态，玉梳背饰件可以分为平冠梳背饰、弧冠梳背饰和弓冠梳背饰三类。昝庙遗址出土的饰件属弓冠。从造型看，它是一种类似于折中型的玉梳背饰件，正面和背面的纹样与常见的良渚文化兽面纹样相似，但是鼻的构造不同，纹样的制作方法也与良渚文化不同。

作为良渚文化最具特色的玉饰之一，玉梳背饰件往往随葬于规模较大且随葬品丰富的墓葬当中。就纹饰而言，玉梳背饰件多为素面，但有些带兽面纹，少数有完整的神人兽面纹，因此玉梳背饰件在良渚文化中应该有等级差别。

昝庙遗址出土的玉梳背饰件饰有兽面纹，表明其等级虽比不上完整神人兽面纹，但比普通的素面玉梳背饰等级要高。玉梳背饰件是社会贵族阶层的装饰物，为研究南京地区的文明化进程提供了线索。

（龚巨平）

# 陶塑人面像

● 新石器时代晚期
● 1983 年南京市浦口区营盘山遗址出土
● 现藏南京市博物馆

陶塑人面像出土于南京浦口区营盘山遗址。像高 9.8 厘米，陶质，胎细质硬，外表光滑，空腔。面部轮廓近似长方形，前额宽平，眼眶粗大，眼睛深凹，细长微弯曲；鼻梁挺直，鼻翼肥大；耳郭宽厚；嘴巴微张，厚唇，下颌明显向外延伸呈梯形。头戴冠，冠上浅刻纹饰，冠角正反两面均穿小孔，顶部镂空。整个人面像面部轮廓和五官都十分夸张，并有几分神秘的色彩。这是迄今南京地区发现的最早的人塑像，具有很高的艺术价值。

南京出土的这件人面像，有着月牙似的眼睛，宽大的鼻子，隆起的颧骨，外扬的下颌，张开的长方形的嘴巴似乎在诉说着什么。人面像头戴美丽的冠帽，冠上留有几个小孔，排列对称整齐。良渚玉器上的人面像的冠上有羽毛和茅草，或许小孔就是用来插这些物品的。试想夸张的面孔，再戴上这些装饰的冠，其神秘的色彩将更加浓厚。这是 5000 年前的南京人在对当时人的认识和理解基础上进行的艺术创作，表现了原始先民的审美情趣和精湛的雕塑水平，反映了当时人们已经开始把人类自身作为艺术创作的对象，体现着原始先民对自身形象、面貌特征的认识和他们艺术表现能力的升华。

用泥对人的形象塑造，再经过火的烧造，制造出完美的人的形象，这已经远远超出了一般的陶器实用器皿的烧制及仿生动物的烧制。因此在已经发现的新石器时代遗址中，陶塑人的形象十分罕见。比较著名的有 1981 年在辽宁牛河梁红山文化女神庙遗址出土的女神面塑像，大约距今 6000 年。考古资料表明，该遗址是以女神为主要崇拜对象的祭祀场所，女神像可能象征当时社会上的权势者，或许是受到崇敬的祖先。作为象征大地、收获的女神，是一个民族生命力的表现，因而受到人们的广泛崇拜。南京出土的陶塑人面像，它可能是距今 5000 年前的父系氏族社会的崇拜物，为当时部落的祭司形象。祭司是指在宗教活动或祭祀活动中主持祭典的人员。根据不同的信仰，祭司被认为具有不同程度的神圣性。在原始社会，生产力十分低下，人们饱受自然和战争的侵害，不得不祈求上天保佑安康，祭司是部落中身份特殊的人，他作为上天与人的沟通者，引导人们祭祀大地、消除灾祸。人们认为他们具有无穷的能力，从而崇拜他们，把他们神化了。先民们用雕塑的方式制作成人面像，再用自己部落的习俗与观念加以装饰美化，成为神的艺术形象。

陶面塑出土后，立即引起人们的关注，被誉为"金陵先祖"。

（戴慧婷）

# 龙形玉饰件

● 新石器时代晚期
● 1983 年南京市浦口区营盘山遗址出土
● 现藏南京市博物馆

　　龙形玉饰件，玉质，灰白色，长 11.6 厘米、宽 2.2 厘米、厚 0.6 厘米，表面磨制光滑。璜形，一端琢成龙首形，轮廓抽象。另一端有一钻孔。长 4.8 厘米、宽 1.2 厘米、厚 0.2 厘米。

　　石之美者为玉，玉器是石器工业发展到一定程度的产物。玉石较普通石材质地更加紧密，硬度更大，透光性和温润度也更好，因此玉器较为珍贵。我国是世界上使用玉器最早的国家，玉制品在社会生活中占有十分重要的地位。

　　此件玉龙，表面光洁，线条简约而流畅。从加工工艺上来看，主要使用了线切割的方式，穿孔则是采用管钻的方法，在当时的生产力水平下，制作这件精美玉饰的难度可想而知。

龙是中华民族的图腾，是古代先民在生产活动中凝结智慧、集体创作的结果。《说文解字》中有关于龙的文字："龙，鳞虫之长，能幽能明，能细能巨，能短能长。春分而登天，秋分而潜渊。"在中华文化的传统中，龙一直是神通广大和至高权力的象征，一直为人们所敬畏。

关于龙的来源一直有多种说法，一般认为是以蛇为主体的多种动物的集合体。《尔雅翼》也有关于龙形象的描述："角似鹿，头似驼，眼似鬼（兔），项似蛇，腹似蜃，鳞似鱼，爪似鹰，掌似虎，耳似牛。"从考古发现的早期龙的形象来看，龙山文化的玉龙应当是猪和蛇的综合体。营盘山遗址出土的这件龙形玉饰，吻部较长，耳朵较大，腿部肥壮，前部恰似猪的形象，而狭长的弧形身躯又结合了蛇的形象，与龙山文化的玉龙异曲同工。

营盘山出土的玉器，无论在数量，还是造型艺术上，均为同时期各遗址所未见。它们使人们进一步了解到，早在距今 5000 多年的原始社会，在南京地区已经存在着一个发达的用玉集团，也为探讨用玉传统起源提供了新的材料和思路。

（朱中秀）

# 兽首人身纹陶纺轮

● 新石器时代晚期
● 1988 年南京市六合区羊角山遗址出土
● 现藏南京市博物馆

　　兽首人身纹纺轮,灰陶质,扁圆形,中间有一孔,直径为 5.8 厘米,厚 2 厘米。侧面装饰三道弦纹。纺轮上浅刻兽首人身纹饰。兽首侧视,身躯较短,作站立状,四肢张开,似人形,线条简洁流畅,形象栩栩如生。1988 年出土于南京市六合区羊角山遗址。

　　羊角山遗址为新石器时代台形遗址,原有面积约 1 万平方米,由于当地砖瓦厂取土制砖,20 世纪 80 年代初期南京市文物部门进行文物普查发现时,遗址西南角仅存面积近 200 平方米。

　　羊角山遗址文化层厚达 3 米。发现有房屋倒塌的堆积、灶穴和少量灰坑。灶穴呈圆形和椭圆形,袋状,内壁和底部均经火焙烤,平整而坚硬,且从东至西成排出现。

遗址中出土遗物以陶器为主，另有少量石器和骨器。陶器多为夹砂红陶和泥质灰陶，有少许夹砂灰陶、泥质黑皮陶和红陶，夹砂陶中掺有蚌屑和碴料。陶器主要有鼎、罐、觚形杯、盆、豆、钵等。陶鼎形式多样，制作精致；觚形杯数量较多，且多为完整器；陶纺轮上的刻画图案各不相同，其中以这件刻画"兽首人身"的图案最为著名。

纺轮是一种常见的原始纺织工具的构件，是我国古代发明的最早的捻线工具，是纺坠的主要部件。一般为圆形、扁平，中间有孔，孔中插棒，利用重物旋转的力量把纤维拧成线，并用同样的方法把单股的纤维合成多股的更结实的线，这比用手捻线向前迈进了一大步。纺轮的出现是原始纺纱技术进步的标志之一，促进了生产力的解放，是远古先民聪明才智的体现和纺织文明的启封。有了纺轮，才有柔软的纺织物的出现，纺织物逐步地代替了其他原始的裹身物品，朦胧的文明得以萌芽。所以纺织物是文明的初始，纺轮则是文明诞生的温床。

纺轮的应用和推广，一方面，提高了纺纱和纺线的效率，由于纺轮的使用使纱线均匀、结实，也有助于纺织质量的提高。另一方面，纺轮的使用和改进，为后来的纺车和纱锭的发明奠定了基础。因此，纺轮虽小，意义重大，在我国古代纺织史上占有重要的历史地位。

（龚巨平）

# 彩陶豆

● 新石器时代晚期
● 1997 年南京市高淳区薛城遗址出土
● 现藏南京市博物馆

彩陶豆出土于南京高淳区薛城遗址,为泥质红陶,口径 10.5 厘米、底径 8.3 厘米、高 9.2 厘米。直口微敛,折腹,高圈足外撇。腹部施红彩,红彩上绘白色几何纹。

薛城遗址地处石臼湖南岸,东南面濒水,西北部辟为农田,平面大致呈椭圆形,现存面积近 6 万平方米,是南京地区已知面积最大、年代最早的新石器时代遗址。1997 年南京市博物馆对遗址进行了抢救性考古发掘,发掘面积约 120 平方米,发现新石器时代墓葬 115 座、灰坑 91 座、房址 2 座、灶穴 2 个,出土陶器及玉、石器和骨器等文物共计 600 余件。

发掘表明,遗址具有丰富的文化内涵,其文化堆积主要分为上下两层。上层为一氏族墓地,时代相当或略早于北阴阳营文化第二期,距今约5500至6000年，共发现新石器时代墓葬115座。墓葬分布十分密集，有些上下叠压达3层之多。人骨鉴定结果显示墓地基本上为男女分区埋葬，反映了当时特定的社会组织结构和葬俗。遗址下层是一处居址，相当于马家浜文化中晚期，距今约6000至6300年，发现的遗迹有房址、灶坑、窖穴等。窖穴有规律地排列在房址周围，形制规整，有的还有台阶，不少底部出土鱼、蚌类遗骸，推测可能用于放养鱼蚌，反映出当时先民渔业生产比较发达。遗址出土的文物丰富而有特色，有陶器、玉器、石器和骨器等，其中以平底釜、筒形罐、三系钵、彩绘豆等为代表的陶器最为典型。

薛城遗址具有十分鲜明的地域特征，与周边的宁镇地区、太湖流域诸新石器时代文化存在着较大的差异，是长江下游南岸西段苏浙皖三省交会地带一种新的文化类型，已被有关学者命名为"薛城文化类型"。它的发现填补了这一地区史前考古的空白，对构筑这一地区史前文化发展序列，进一步认识宁镇地区和太湖流域新石器时代文化有着非常重要的意义。同时，大量保存完好的人类遗骸极为罕见，为研究我国南方史前体质人类学提供了一批宝贵实物资料。薛城遗址于2002年列为江苏省文物保护单位，2013年被列为全国重点保护单位。

艺术是一定的社会生活在人们头脑中的反映，人们也总是把自己最熟悉的对象作为艺术的题材。彩陶的各种图案纹样，是原始社会先民对客观事物的艺术再现，所以，彩陶上所描绘的图案纹样，不仅是研究原始艺术的重要材料，也是研究原始社会人们生活生产的重要形象资料。这件彩陶豆，制作技术和彩绘工艺都相当精湛，线条硬挺流畅，显示了原始艺术的无限魅力，是一件美不胜收的艺术精品。

（龚巨平）

商周篇

# 兽面纹青铜铙

● 商末
● 1986 年南京市浦口区龙王荡出土
● 现藏南京市博物馆

兽面纹青铜铙，高 68 厘米，钲长 42 厘米，铣间距 50.3 厘米，重 87 公斤。1986 年于南京浦口永丰乡龙王荡出土。

青铜铙形体硕大，满身铜绿。铙身上大下小，为合瓦式，横截面呈橄榄形。长甬中空，与内腔相通。使用时长甬置于木架之上。击钲、鼓部而鸣响。

青铜铙两面钲部各饰兽面纹一组，并以云雷纹为衬地，以粗犷的线条勾勒出兽面的轮廓，保持着以鼻梁为中心的对称排列方式，兽面双目圆睁，曲眉挺鼻，气势威武庄严。隧鼓间又有规律地排列着三组云雷纹。整个器身布满纹饰，布局严谨，线条粗疏流畅。主纹饰兽面纹虽已趋于简化，但兽面的目、眉、口、耳等特征依然可寻。

我国的青铜铙最早源于夏代陶制的"陶铙"，据说是先人用来祭祀神灵、山川、湖泊、风雨、星辰等，祈风唤雨的响器，因而实际上是一种通神的"礼器"。其后陶铙先后被青铜质的青铜铙所取代。中原系统的青铜铙，其形体较小，可手执击打。往往以大小相次，3 件或 4 件一组的铙，为组合式的乐器。南方系统的古铜铙为大铙，在长江中下游均有发现。这种独具东方文明特色的打击乐器，到了商代中晚期，制作已发展到炉火纯青的阶段。它的成熟直接使双音编钟有了历史性的突破，使一个前所未有的音乐时代走到了世界人类音乐文化的前沿。西周以后，青铜铙逐渐退出历史舞台。

青铜铙除了作为乐器外，人们还用它们来传递一些特定的信息，用于军中传播号令。《周礼·地官·鼓人》："以金铙止鼓"，注："铙如铃，无舌，有秉（柄），执而鸣之，以击止鼓。"《说文解字·金部》："铙，小钲也。军法。卒长执铙。"从卒长执铙、执而鸣之的记载看，青铜铙是"击鼓出征，鸣金收兵"中的"金"，它用于军旅，在指挥作战中起着重要的作用。

根据考古情况看，南方青铜大铙出土时几乎都是口朝上，甬在下，埋在地表 1 米左右。而且大铙通常是单独出土，出土地点多在山顶或山前水边。因此，专家推测，大铙很可能是作为祭祀山川神灵的一种特殊的礼器。由于其祭祀的对象形体巨大，所以铙也往往形体硕大厚重，敲击时声音悠扬洪亮，并可在山川之间产生共鸣或悠远的回音，或可称之为"祭器"。

该件兽面纹青铜铙气势恢宏，纹饰精美，为目前南京地区所发现的最大、时代最早的铜铙，是研究商周时期南方青铜铙的珍贵文物，为探讨我国南方青铜铙的年代、性质和功能提供了宝贵的实物资料，同时也是我国古代文化艺术宝库中不可多得的瑰宝。

（龚巨平）

# "梁其"钟

钟高 35.1 厘米，甬长 12.5 厘米，铣间距 18.9 厘米。时代为西周晚期。长腔阔鼓式，钟口弧形，有干有旋。干饰目云纹，舞饰对称龙纹，篆间饰两头夔龙纹，鼓部饰相背式卷龙纹。两面钲部各有枚 3 行，共 18 个。隧部饰俯首鸟纹，右侧有立鸟纹，钲间及隧左部铸有铭文 48 字，其中重文 6 字，铭曰：

（梁）甘（其）曰：不（丕）顯皇且（祖）考，穆穆異異（翼翼），克悊（哲）芈（厥）德，農臣先王，得屯（純）亡敃（愍），（梁）甘（其）肇（肇）帥井（型）皇且（祖）考，秉明德，虔夙（夙）夕，鎗鎗鏓鏓，鍺鍺雍雍，用邵（昭）。

吴镇烽《商周青铜器铭文暨图像集成》载有 6 件，分甲乙丙丁戊己编述，其中上海博物馆藏 3 件（乙丙戊），法国巴黎吉美博物馆 1 件（丁），南京市博物馆藏 1 件（己），另一件（甲）仅存铭文，器物不知下落。其中甲乙和丙丁铸铭可各自连成一篇完成铭文。从全文看，本件铭文为篇首，但与其他器铭相比文序有不同。全篇铭文应有 147 字，可释为：

梁其曰：丕顯皇祖考穆穆翼翼，克哲厥德，農臣先王，得純亡愍，梁其肇帥型皇祖考，秉明德，虔夙夕，辟天子，天子仴事梁其身，邦君大正，用天子宠，蔑梁其历，梁其敢对天子丕顯休扬，用作朕皇祖考穌钟，鎗鎗鐁鐁，鐖鐖雍雍，用昭格、喜侃前文人，用祈匄康娱纯祐，绰绾通禄。皇祖考其嚴在上，降余大鲁福亡戬，用光梁其身，擢于永命，梁其万年无疆，堪臣皇王，眉寿永宝。

铭文内容为颂扬祖先功德，并表示忠心服从天子。据铭文，梁其的先人世代为周的王臣，梁其之梁当不是嬴姓梁伯国。史籍记载周有梁其氏，《通志·氏族略》："梁其氏，姬姓，晋大夫梁其跓之后。"《通志》转引《英贤传》云："鲁伯禽庶子梁其之后"，在此或是只称氏未称名。

梁其钟传为1940年于陕西扶风任家村出土。同出器尚有鼎、簋、盨、壶等一百多件。出土时情况不甚清楚，器物后又散落各地。目前，见于上海博物馆、陕西省博物馆、国家博物馆收藏以及海外、私人等已知下落和已著录的共有48件。从其他诸器看，梁其又称伯或膳夫。梁其盨铭："白（伯）梁其作旅盨"。梁其簋铭："善（膳）夫梁其作朕皇考惠中皇母惠妃尊簋"。伯，嫡长子。膳夫，周代官名，属天官，掌王之饮食膳馐。梁其钟的形制、铭文与虢叔旅钟、邢人钟、㝬钟相似，皆为西周晚期器，可定为夷、厉之时。

从西周晚期编钟组合及铭文推测，梁其钟应原有八件。梁其钟的发现，对于研究西周时期编钟组合、音乐、礼制等提供了重要的材料。其合出的众多青铜器物，对于研究西周时期的王室、贵族、官职等政治、文化、社会诸方面均有重要的历史文化价值。

南京市博物馆所藏"梁其"钟，系由新中国成立初期成立的"文管会"移交，传承有序，从另一个侧面反映了民国年间南京作为文化中心，古物收藏、流转的盛况。

（周保华）

# "卫夫人"铜鬲

● 春秋末期
● 1965 年征集
● 现藏南京市博物馆

　　河南浚县辛村 5 号墓出土，两件，现均藏于南京市博物馆。

　　春秋早期器。形制大小基本相同。均敞口，宽平沿，束颈，圆肩，腹稍鼓，近平裆，空心兽蹄形足。与足对应的腹部有扉棱，并以此为中心饰分体式变形兽面纹。器一口径 16.3 厘米、腹径 14.1 厘米、高 10.8 厘米；器二口径 16.1 厘米、腹径 14.1 厘米、高 11 厘米。口沿上各铸刻铭文一周，计 14 字，其中补刻 4 字：

　　器一：衞文君夫人叔姜乍（作）其行鬲，用從□证（征）。

　　器二：衞夫人文君叔姜乍（作）其行鬲，用從□正（征）。

　　铭文中的"文君""叔姜"均为后来补刻。原文应该是"衞夫人作其行鬲，用從□征"。器一文字逆时针铸刻，间距较为规整，"文君"二字加刻于"衞"和"夫"之间，"叔姜"刻于"人"字右旁；器二文字顺时针铸刻，"衞夫人"和"作"之间间隔较大，"文君""叔姜"则一同刻在这一空档内。

　　吴镇烽《商周青铜器铭文暨图像集成》中将其均释为：衞文君夫人

026

叔姜做其行鬲，用從遙征。马承源主编的《商周青铜器铭文选》则认为：
衞文君夫人叔姜，此器因加刻字的部位过小，而将'文君'移于衞字之
下。应为衞夫人文君叔姜，即衞侯夫人文君叔姜。叔姜，作儵姜，即淑姜。
衞姬姓，娶于姜姓之女为夫人。"李零案：盖因卫夫人先卒，卫君死后，
加刻其谥号与夫人之行辈及姓以明之。

卫国为西周初年周文王嫡九子康叔的封国，立国前后共计907年，
传43君，是生存时间最长的周代诸侯国，也是众多姬姓诸侯国中最后灭
亡的国家。卫国疆域大致位于黄河以北的今河南鹤壁、安阳、濮阳，河
北邯郸和邢台，山东聊城西部、菏泽北部一带。首都朝歌，先后建都于
楚丘、帝丘、野王。整个西周时期，卫君担任王室司寇要职，卫为"诸
侯之长"，保持了长时间的方伯地位，显赫一时。春秋以降，王室衰微，
卫国亦从整体上开始走下坡路，国力急剧下降，由强变弱，又因地处中原，
具有很强的战略性，遂成为大国争夺的焦点。公元前254年，被魏国灭亡，
卫国领地成为魏国的一个封君之地。公元前241年秦取卫国的濮阳等地。
公元前239年卫元君被迫迁往野王县，卫国名存实亡。公元前209年，
卫君角被秦二世废为庶人，卫国彻底灭亡。

从《史记·卫康叔世家》中可以发现，卫国从康叔到君角，总共有
43位君王，其中并无卫文君者，所以"文君"推测为卫夫人之名比较合理。
故铭文可释作："衞夫人文君叔姜作其行鬲"。

另有一件卫夫人鬲，与这两件鬲同铭，现藏于南京博物院。铭文铸
刻同于器二但缺最后三个字。

1932—1933年，中央研究院史语所联合地方合建河南古迹研究会，
对位于河南浚县以西35公里的辛村古墓葬进行了四次发掘。1964年出版
了考古学专刊《浚县辛村》。辛村墓地共发掘墓葬及车马坑82座。根据
历史文献记载、墓葬形制、出土器物等综合分析，证实这里是卫国贵族
墓地，年代从康叔受封到卫国灭亡，大致为公元前11世纪到公元前8世纪。
这批墓葬的发掘，为研究西周时期卫国的历史、葬制、兵器尤其是戈戟
的演变等问题，提供了极其重要的实物资料。

（周保华）

# "曾子義行"铜瑚

● 春秋末期
● 1988 年南京市六合区程桥 M3 东周墓出土
● 现藏南京市博物馆

　　"曾子義行"铜瑚 1988 年出土于南京市六合区程桥 M3 东周墓，青铜质，由器盖、器体两部分组成，两部分形制大小基本相同，长方体，直口，折腹，平底，矩形足，长 28.2 厘米，宽 22.9 厘米，通高 19.2 厘米。器盖和器体旁均有一对兽首形附耳，盖沿有六只兽面形器扣，用于扣合器盖和器体。器盖顶、腹部和器体腹部均满饰蟠虺纹。器盖和器体内均有铭文：

　　曾子義行瑚一：

　　曾子義行乍（作）飤瑚，子孙其永保用之。

　　曾子義行瑚二：

　　曾子義行自乍（作）飤瑚，子孙其永保用之。

　　器盖名较器体少一"自"字，器体底部略残，有缺文，参考器盖补全。

瑚，旧释为簠，据李零考证，簠为镂空圈足盘豆的器名，应释为瑚。瑚是先秦时期的重要青铜礼器之一，根据文献记载，瑚属于食器，祭祀时用于盛放黍稷。从考古发现上来看，陕西扶风出土的伯公父瑚

"曾子義行"铜瑚局部纹饰

有铭文"用盛稻需粱"，山东长清仙人台以及山东薛国故城出土的青铜瑚内有残留的粟米类食物，可知该器确是祭祀时用于盛放稻粱粟米类的食器。

瑚从西周开始出现，春秋时期盛行，战国时开始衰落。两周的青铜礼器主要包括炊器、食器、酒器、水器、乐器和杂器等，用于祭祀和宴饮，瑚的出现和盛行，和西周"重食器，轻酒器"的传统有关。西周时期，青铜酒器大量减少，同时鼎、簠等食器大量增加，瑚这种长方形斗状食器便在这一大背景下流行起来。战国时期，随着诸侯争霸日趋激烈，礼崩乐坏，青铜器逐渐向实用化发展，青铜瑚这类费工费料的礼器逐渐衰落。此外，敦、豆等新型食器的出现也加速了瑚的消亡。

"曾子義行"铜瑚腹部折壁加长和满饰蟠虺纹的特点，符合春秋晚期的特征。棠邑（今六合地区）春秋时期先后归属于楚国和吴国，春秋末期，随着吴国势力的强大，西向伐楚，棠邑随后并入吴国版图，因此，程桥 M3 东周墓应在当时吴国境内。此外，程桥 M3 东周墓出土的青铜礼器、几何纹印纹硬陶也具有吴文化特征，这些都证明 M3 东周墓应是一座吴国贵族墓葬。六合程桥东周墓地"曾子義行"铜瑚等一批青铜器的发现，为研究吴文化、吴国疆域以及吴国与其他国家之间的关系提供了宝贵的实物资料。

（朱中秀）

# 青铜编钟

- 春秋末期
- 1988 年南京市六合区程桥 M1 东周墓出土
- 现藏南京博物院

青铜编钟一套九枚，形制、花纹皆相同，大小渐次成编，长方形钮饰三角雷纹，器身饰蟠螭纹及螺旋形纹饰。钟的正面均有铭文，多为反文，内容基本相同。其中最完整的铭文共三十七字，铭曰："隹王正月，初吉丁亥，攻敔仲终胾之外孙，坪之子臧孙，择氒吉金，自作龢钟，子子孙孙，永保是从"。据考证，"攻敔"为"勾吴"，此应为春秋末期吴国制作之器，墓主为"臧孙"。

此套编钟出土于六合程桥镇一号东周墓。程桥镇在六合区西南约 10公里，西邻安徽省，墓地在程桥镇东 1公里的程桥中学内，南距滁河 100 米。1964 年，考古人员对其进行了发掘，出土各类文物 60 余件，青铜器就达57件，有食器、兵器、乐器、车马器和工具等，其中一套九枚编钟制作精致、保存完好，是当时江苏境内极其重要的发现。1972 年和 1986 年在 M1 附近又发现了两座墓，编号为 M2 和 M3，其中 M3 中也出土了一套七枚编钟。

钟是一种打击乐器，最初的钟或是由商代的铙发展而来，兴起于西周，盛行于春秋战国。按形制分为甬钟、镈钟和钮钟三种，钟顶有筒形的甬称为甬钟，钟顶作扁环钮或伏兽形钮的平口钟称为镈钟，钟顶为长方形或近似半圆形的钮称为钮钟，六合程桥出土的即为钮钟。钟依大小次序成组悬挂，称为"编钟"，起初三枚或五枚一套，后增至八枚一套，东周时期增至九枚一套或十三枚一套以至更多，也有单独一枚的，称为"特钟"。编钟悬挂在特制的架子上，用木槌敲击演奏，其悬挂架子的横梁称作"笋"，支撑架子的立柱称为"虡"（音 ju，四声）。

青铜编钟

编钟作为国之礼乐重器，是古代上层社会用于宗庙祭祀或宴飨宾客时的大型古铜打击乐器，亦是等级和权力的象征。青铜编钟荟萃科技精华、融集诸多工艺于一体，它也生动地表明了我国春秋战国时期音乐文化和青铜铸造工艺所取得的辉煌成就，具有重要的历史价值和科学价值。

南京六合古名棠邑，春秋时期属于吴楚边境之地，先属楚，后属吴，又复归于楚。经分析，六合三座东周墓出土的随葬品既有吴文化因素，又有非吴文化因素，推测墓主为葬于吴国的他国贵族。程桥东周墓对于研究吴国与他国的关系有较为重要的意义，也对研究南京地区古代历史具有重要价值。青铜编钟的出土，为我们研究吴国的历史、青铜冶铸技术、制作工艺、先秦乐律学及当时的音乐发展水平等，都有着极高的价值，实为我国古代文化艺术之瑰宝。

（杨平平）

# 菱格纹铜剑

● 春秋末期
● 1988 年南京市六合区程桥 M3 东周墓出土
● 现藏南京市博物馆

菱格纹铜剑，1988 年出土于南京市六合区程桥 M3 东周墓，青铜质，长 52.5 厘米，宽 4.5 厘米，刃部锋利，剑身修长，隆脊，凹形格，圆茎有两箍，剑首圆形，内有数道同心圆，剑身满饰菱格纹，格部有阴铸夔龙纹，并镶嵌有绿松石，茎箍处饰有两道夔龙纹，工艺极为精湛。

此剑剑身上的菱格纹与著名的越王勾践剑的菱格纹类似，工艺也应相同。由于流程复杂，这种工艺多用于高等级铜剑之上：先用高锡粉末在金属表面涂一层涂层，然后在涂层之上雕刻菱形图案，再经过特殊加热处理使之氧化，就形成了涂层部分与图案部分颜色不同的装饰效果。这种高规格铸造工艺的应用，也从侧面证明了铜剑主人身份的高贵。

剑是古代贵族和士兵随身携带用于格斗和防身的短兵器，可以刺戳和劈砍，主要适用于近战。春秋战国时期，佩剑也是身份和等级的象征。

在诸多铜剑之中，尤以吴越地区的铜剑质量最为上乘，工艺最为精良，名闻天下。据《越绝书·越绝外传记宝剑》记载，楚昭王曾"令风胡子之吴，见欧冶子、干将，使人作铁剑。"可见当时吴越地区的铸剑技术是很发达的，并受到了贵族的追捧。

当然，吴越地区铸剑工艺发达也与当时南方地区的战争特点有关。在北方中原地区，平原广阔，以车战为主，衡量一个国家实力的强弱也多以战车的数量为标准。在车战中，主要使用戈、矛、戟等长兵器和远射兵器，短兵器剑在车战中难以发挥作用。而南方地区江河纵横，车战难以开展，战争以步兵为主力，剑的优势便得以体现，也因此成为吴越地区作战的重要兵器。

菱格纹铜剑制作精良，从形制上来看，属于典型春秋末年吴越地区流行的柱形双箍剑。此外，该墓出土的青铜礼器、几何纹印纹硬陶具有春秋末期吴文化的特征，也印证了这件菱格纹铜剑应为春秋晚期吴国所铸。由于战争、交往、馈赠等原因，很多吴越地区的青铜器精品流散至吴越以外的地区，也包括大量的青铜剑，越王勾践剑出土于楚国贵族墓中便是其中一例。

棠邑（今六合地区）春秋末期并入吴国版图，程桥 M3 东周墓应在当时吴国境内，在吴地发现这样一件吴剑精品，是一件难得的幸事。

（朱中秀）

# 带铭夔纹铜匜

● 春秋末期
● 1988 年南京市六合区程桥 M3 东周墓出土
● 现藏南京市博物馆

　　带铭夔纹铜匜，高 14.5 厘米、长 23 厘米、宽 20 厘米，青铜质，近瓢形，曲缘，深腹，平底。兽面形管状流，鋬卷尾龙形。流口上端饰蟠虺纹，腹部以绚纹做间隔饰两道宽带状蟠虺纹。内底有铭文：罗儿□□，吴王之甥，□，卯公之弟之子，择厥吉金，自作盥匜。

　　匜是古代洗手时的盛水用具。古人洗手是把匜里的水倒在手上，下边用盘承接，即《左传·僖公二十三年》中所谓"奉匜沃盥"，意思是持匜浇水于手冲洗。

　　匜最早出现于西周中期，流行于西周晚期至战国时期。匜的形状呈长椭圆形，很像一只瓢，前面有流，后面有鋬，有的还带盖。大多数匜有四足，春秋时有三足和无足的匜，到战国时匜几乎都不设足。

这件带铭青铜夔纹匜，出土于
六合程桥 M3 东周墓中。1964 年、
1968 年和 1988 年先后三次发掘，
皆为土坑墓，分别编号为一、二、
三号墓，墓葬的年代皆为春秋晚期。
一号墓随葬器物有罐等陶器，鼎、
缶、钮钟等青铜礼乐器，剑、戈、戟、
矛等青铜兵器和辖、衔等青铜车马
器。其中 9 件编钟均有铭文为攻敔
外孙臧孙所作。二号墓随葬器物有
罐、豆、钵等陶器，鼎、匜、钮钟、
镈钟等青铜礼乐器，剑、戈、矛、镞、
镦、距等青铜兵器和衔、环等青铜
马器，此外还出土一件经过锻制的
条状铁器。三号墓随葬器物有罐等

铜匜内部铭文

陶器，鼎、甗、簠、匜、舟、盘、勺、剑等青铜礼器和兵器，其中盘、簠、
匜有铭文，盘为吴国青铜器，簠为曾国青铜器，匜为罗国青铜器。

这件罗国青铜夔纹匜仿兽形制作，宽的流，口部平直向前伸出，以
便于水的倾流；圆圆鼓鼓的腹部，可盛装大量的水。整个器形厚重大气，
器身装饰的夔纹给器身造型注入了活力与生机。

匜内壁铭文中的"罗儿"，为罗国人。罗国原为汉淮之间的小国，
后被楚国所灭。根据铭文自称为"吴王之甥"推测，六合程桥墓地为罗
国灭亡后投奔吴国并与吴国有姻亲关系的罗国贵族墓地。

（朱敏）

六朝篇

# 青瓷螭柄虎子

● 三国·吴
● 1964 年南京市下关区（今鼓楼区）中央门外五塘村 M1 出土
● 现藏南京市博物馆

　　青瓷螭柄虎子，高 18 厘米，长 20 厘米，宽 13.5 厘米。灰白胎，青黄釉，内施釉不全，尾底部亦无釉。器身呈圆筒形，流口朝上，圆腹，两端微膨，中间微敛。底附四足，俯卧于腹下，每足三爪。提梁作螭虎状跨于器背，腰脊隆起作柄。头部刻画细腻，长尾卷曲下垂。背脊刻五道直线纹。

　　在古代，我国劳动人民擅长用各种动物作为铜器、陶器和瓷器的装饰，或者把整个器物做成动物的样子。虎子就属于这一类器物。这件青瓷螭柄虎子器形规整，造型独特，具有吴早期风格。虎子的用途在学术界曾一度引起热议。现在，虎子作为溺器的功能已得到普遍的认可。

　　虎子，始见于东周，流行于两汉，六朝时最盛，隋唐时衰落。迄今为止，所发现的最早的虎子出现在先秦时期。共有两件，一件出于江苏镇江王家山东周墓，青铜铸造，属春秋末期。另一件出于湖南长沙五里牌战国楚墓，木胎髹漆彩绘，属战国中晚期。两件皆作伏虎形。

青瓷虎子主要出土于南方各地，尤以江苏、浙江等地为最多。出土虎子的墓葬中，以中型墓和大型墓为多，小型墓较少。除了被严重破坏或遭盗掘的墓葬，大中型墓室中的随葬品也比较丰富，这些种类齐全、品质优良的随葬器物只有当时的贵族世家才有财力办到。据此推断，六朝时候，青瓷器高度发展，但在当时的工艺条件下，如虎子这样器形复杂、成形困难、费工费时的产品，仍然不是一般平民的消费品，而是为满足世家豪族的需要而生产的。

从发掘资料中看，虎子在南京地区的吴、两晋墓葬中出土较多，而南朝时期的墓葬中则鲜有发现，其原因可能与南京地区的葬俗有关。从吴到东晋再至宋、齐、梁、陈，南京地区六朝时期的随葬品经历了一个种类由繁到简的过程。且从东晋晚期以后，随葬品中青瓷数量减少，陶明器增加，至南朝时期基本少见青瓷，这应该就是南朝墓葬中出土虎子少见的原因。

（朱敏）

# 褐釉孝子送葬陶魂瓶

● 三国·吴
● 1976 年征集
● 现藏南京市博物馆

褐釉孝子送葬陶魂瓶，口径 6.7 厘米，底径 15.5 厘米，高 36.7 厘米。上部施褐釉，罐腹部至底部无釉。

魂瓶分为上下两个部分。上部中间为一侈口、束颈、圆肩小罐，肩部堆塑围绕四个小罐。罐口堆塑多只引颈振翅的雀鸟。下部为一大罐，鼓腹，平底。下部的大罐上装饰繁缛，塑有人俑二十一个，其中四人头缠孝巾，跪倒在棺材前痛哭，另外有人俑在棺材四周鼓瑟、吹笙、打鼓，似为棺材中的人送葬。大罐的上腹部四周还堆塑鸡、狗、羊、兔等动物俑。这件魂瓶制作工艺比较复杂，堆塑物都是手工捏塑，造型生动，在同一件器物上运用拉坯、捏塑、堆塑等多种装饰技法。

一般认为魂瓶来源于汉代五管瓶或者五联罐。到东汉晚期，器身出现了人物、动物堆塑。三国两晋时期堆塑大量增加，中间的管变得很粗而成为器物的颈和口，周围的四个管变小且几乎被各种堆塑掩盖。还出现了亭台楼阁的建筑模型。五联罐上部四个小罐围绕中间一个大罐，四小罐与大罐不通。发展到魏晋南北朝，五个罐内部相通。各个时代的魂瓶造型各异，但总体来说魂瓶下部的罐体基本上都是侈口，鼓腹，平底。腹部有贴塑或者素面。

魂瓶亦被称为"谷仓罐""堆塑罐"。有部分罐子里存放有稻谷，所以有人称它为"谷仓罐"。按照装饰手法，罐子上有大量的动物、人物、建筑物的堆塑，所以也有人称它为"堆塑罐"。不过很多人还是认为它是死者灵魂的栖息之所，

魂瓶上部堆塑

墓主人"事死如生"，所以坚持称它为"魂瓶"。部分人认为这种器物的出现与当时佛教和佛事兴盛有关。当堆塑物增多时，最重要的变化是出现了建筑模型。起初，建筑模型是紧贴罐颈的多层楼阁，它是石窟寺的真实写照。到西晋时，堆塑罐普遍在顶部增加了由中央多层楼阁和四周回廊厢房组成的建筑群。这些亭台楼阁所象征的是佛教寺院，它是僧人和民众进行念佛诵经的活动场所。因此，亭台楼阁堆塑罐出现的同时也折射出佛教在南方流行、规模不断扩大的客观事实。

魂瓶上堆塑物的内容不仅反映了当时的丧葬习俗，还反映了当时儒家、道家、释文化对世俗文化的渗透。这件魂瓶上的堆塑物表现的孝子守灵顶礼膜拜、举丧致哀的场景反映了儒家思想中的"孝"文化。汉代大儒董仲舒将先秦的孝文化进一步完善，单独强调了子女对父母的义务。汉代以孝治天下，将孝道在政治、生活中发挥到淋漓尽致，这必然会影响丧葬习俗。褐釉孝子送葬陶魂瓶作为随葬明器寄托了墓主人灵魂不灭的希望，反映江南世家大族的丧葬习俗，同时为研究儒家思想对丧葬制度的影响提供了丰富的材料。

（戴慧婷）

# 青瓷釉下彩羽人纹盘口壶

● 三国·吴
● 1983 年南京市江宁区长岗村 M5 吴墓出土
● 现藏南京市博物馆

这件盘口壶圆弧形盖，盘口，束颈，溜肩，圆腹，平底，通高 32.1 厘米，口径 12.6 厘米，最大腹径 31.2 厘米，底径 13.6 厘米。胎色灰白，青釉泛黄，厚薄均匀，透明度强。胎上以褐黑彩通体绘制纹饰，辅以贴塑的各种艺术形象，构成一幅浪漫潇洒、充满神秘色彩的画面。

盘口壶通体纹饰由上至下可分为盖、颈、肩、腹四个部分。器盖顶部塑一回首鸾鸟为盖钮，盖钮两旁各饰一柿蒂纹，盖面绘一对人首鸟身的神禽，相对一株仙草翩翩起舞。盘口壶颈部绘七只异兽，异兽头似虎，颈后鬃毛飘拂，身体不长，亦似虎身，唯尾较长，外形柔韧雄健。盘口壶肩部装饰三组贴塑：四个等距分布的衔环铺首、两尊佛像、一对双首连体的比翼鸟。壶腹部绘两排持节羽人，上排十一人，下排为十人，高低交错，两两相对，羽人身体极瘦，背脊生毛，头有双角，腹部纤细，双手持节，画面空隙处还穿插点缀着疏密有致、飘忽欲动的仙草和云气纹。盘口壶下腹部近底处绘一周仰莲纹，莲瓣较瘦长。

值得注意的是，这件器物不仅在通常的外壁、外口沿处绘有图案，就连器盖内壁、内口沿等目力所及之处都绘满仙草、云气、连弧等精美纹饰。所绘纹饰线条活泼宛转，生机盎然，笔法之妙，令人惊叹。

盘口壶通体的釉下彩画描绘了多种生动奇异的艺术形象，鸾鸟气宇轩昂，神禽翩翩起舞，异兽威风显赫，比翼鸟雍容华丽，佛像庄重肃穆，铺首相貌威严，羽人虚幻神奇，仙草栩栩如生，充满了神异灵怪的气氛，呈现出一派缥缈虚幻的天界风光。

这件釉下彩盘口壶 1983 年出土于雨花台区长岗村五号墓，该墓未发现确切的纪年遗物，但出土器物颇丰，包括青瓷虎头罐、青瓷雀洗、铜耳杯盘、铜三足盆等重要文物。从墓葬形制判断，该墓是一座三国吴晚期的墓葬。

青瓷釉下彩羽人纹盘口壶的出土意义巨大。在过去很长一段时间里，陶瓷研究界普遍认为成熟釉下彩绘瓷器的烧制始于唐代中晚期的长沙窑。这件釉下彩盘口壶的出土，证明我国早在三国时期就已具备了烧制釉下彩瓷器的先进工艺，将釉下彩绘工艺出现的时间提前了约 500 年。

青瓷釉下彩羽人纹盘口壶，将制瓷工艺和绘画艺术有机地结合在一起，开拓了瓷器装饰的新途径。这是迄今为止所见用釉下彩绘美化瓷器的最早典型，也是迄今所见三国吴时期最完整的绘画艺术珍品。它的精湛工艺为以后唐代长沙窑、磁州窑的釉下彩绘，乃至更晚的青花、釉里红等著名品种的出现奠定了基础，在中国陶瓷史上有着重大的意义。

国家文物局于 2002 年、2012 年、2013 年分三批公布了禁止出境展览文物目录，能列入这个目录的文物只有 195 件组。2013 年 8 月 19 日国家文物局发布的《第三批禁止出境展览文物目录》中，就包括这件青瓷釉下彩羽人纹盘口壶（目录中称"青釉褐彩羽人纹双系壶"）。可以说，青瓷釉下彩羽人纹盘口壶是名副其实的"国宝"。

（张瑶）

# "凤凰元年"铭青瓷人物楼阙魂瓶

● 三国·吴
● 1995 年南京市江宁区上坊吴凤凰元年（272 年）墓出土
● 现藏南京市博物馆

青瓷人物楼阁魂瓶通高 45 厘米，底径 16.5 厘米，灰白胎，青釉，施釉不及底，整器分上、下两个部分。

上部密集堆塑各种建筑及动物、人物等。颈部作四方形，颈部较长，中间折肩。口沿为廊庑状，四周竖有院墙。院墙四角各置有角楼，角楼为四角攒尖顶。肩上部三面有方胜形和三角形的镂空，罐肩部贴有佛像和比翼鸟。上部颈壁连着四个小罐，颈下部以小罐为界分为四个区域，正背面各堆塑楼阁，楼前立阙，左侧堆塑龟趺驮碑，碑作圭形，最上方的三角部位刻"位"字，下部刻碑文三行"凤皇（凰）元年立位长沙太守□作浹使宜孙子"，行间以浅刻竖线相隔。右侧为两个头戴尖顶帽、抱拳于胸前的跪踞胡僧。其间还贴塑熊、麒麟等。

下部为罐形，腹深，肩部贴有模印的胡人骑兽、朱雀、辟邪、鳖、鲶鱼、佛像、螃蟹等，贴塑物之间有圆形钻孔。肩部浅刻"九月十四作"字一行。肩部贴塑的熊头左下方也刻一行文字，因所刻太浅，不可辨识。这件堆塑罐上的文字"凤凰元年"（公元 272 年），是三国吴的纪年，确切的纪年为这件器物的断代提供了依据。

魂瓶出土于南京江宁区上坊乡陈家山的一座吴墓，但发现时墓葬已经被破坏，只留下了几件青瓷器。南京市博物馆从派出所接收了这些文物。

魂瓶由汉代的五管瓶或者五联罐发展而来，一般作为随葬明器。三国至两晋时期，魂瓶在江浙地区的大中型墓葬中时有发现，因为体量较大，造型别致，工艺复杂，算是六朝青瓷中的大器。魂瓶下部为中空的圆罐，上部却堆塑有场面复杂的亭台楼阁、人物、飞鸟、走兽等。根据装饰手法，有人称它为"堆塑罐"。有些堆塑罐出土时，里面装有谷子，所以有些人认为是谷仓罐。因很多堆塑罐圆罐的上部堆塑着祭祀丧葬的场面，似有祭奠死者亡灵之意。古人迷信灵魂不死，用这种堆塑罐来装亡者的灵魂，方便灵

魂瓶上部龟趺驮碑堆塑

魂升天，所以就有人称之为"魂瓶"。还有人认为堆塑物的造型是亭台楼阁、飞禽走兽，反映了当时庄园经济的繁荣，是人们"事死如生"的体现。

还有一些人认为，堆塑亭台楼阁象征着佛寺，是僧人和信徒诵经的场所。这件魂瓶上贴塑的佛像反映了随着佛教在江南地区的逐渐兴盛，佛教文化也逐步渗透在当时的丧葬文化中。胡僧、胡人骑兽又反映了当时民族的迁徙和文化交流。"凤凰元年"铭青瓷人物楼阙魂瓶因为有准确的纪年，可以作为同类器物断代的标准器，所以更加珍贵。

（戴慧婷）

# "赤乌六年"铭神兽镜

● 三国·吴
● 1997 年南京市江宁区东善桥 "凤凰三年"（274 年）墓出土
● 现藏南京市博物馆

铜镜为圆形，直径 11.5 厘米，缘厚 0.3 厘米。扁圆钮，圆钮座。镜背有涂朱的痕迹。内区主纹为高浮雕神人及瑞兽，四神四兽呈环绕式相间排列。神人端坐，头有双环，双手高举作起舞状，身后帔帛飘举。兽均侧身扭头。外区有半圆方枚及锯齿纹各一周，缘上饰有一周铭文："赤乌六年五月丙午（朔）? 二十日造作山（仙）明竟（镜）服者吉羊（祥）。"

"赤乌六年"为三国时期东吴大帝孙权的年号，即公元 243 年。"五月丙午"可能并不是确定的时间，因五月丙午是铸镜的重大吉日，因此工匠们在制作镜铭时以此为虚托之辞，以求吉祥。

神兽镜是中国古代铜镜中特有的一种镜类，专指在铜镜背面以浮雕手法做出纹饰，主体装饰内容围绕东王公、西王母等神仙图像和龙虎瑞兽等独特题材的一类铜镜。其纹饰的排列有环绕、重列、同向等多种方式，主要体现了道家的神仙思想这一主题。神兽镜最早出现在东汉中期，三国时期最为盛行，是东汉延续到六朝时期的非常重要的铜镜种类。

镜铭内容的丰富多样是神兽镜独有的特点，除有纪年铭外，还有纪地铭、纪氏铭等类型，其中以纪年铭最为常见，不但纪年，而且纪月、日，为神兽镜的断代提供了确切的依据。而纪地铭则可以从侧面印证会稽山阴（今浙江绍兴）、江夏郡武昌（今湖北鄂州）、蜀郡（今四川成都）是当时的铸镜中心。

神兽镜流行的社会背景是和当时民众的道教信仰密切相关的，神兽镜的纹饰主要反映了道家的神仙思想。道教作为中国本土的宗教，具有佛儒所不具备的多方面的社会功能，道教的宗旨是解决人生的长寿长生这一极为现实的问题。这一时期的人们在政权动荡、战祸频繁的遭遇中，更为重视生死问题，崇尚逍遥的生活，希冀做"神仙中人"，故极为信仰道教。这一声势较大的思想洪流，其影响渗透到人们生活的各个领域，铜镜是日常生活用具，其镜背纹饰无可避免地被现实生活的时尚主导。人们期望长生不老、得道成仙，传说中的东王公、西王母、天皇五帝、得道仙人以及龙虎瑞兽等题材在铜镜中得以广泛运用。

神兽镜的盛行也存在着南北的不平衡性。据考古资料显示，神兽镜在湖北、浙江、江苏、广西、广东、安徽、河南及陕西等地都有发现，尤以湖北、浙江、江苏（当时东吴的统治地区）一带出土数量多，且铸造精细，在地域分布上明显地表现出南多北少的分布状况。这源自于东吴统治者的道家推崇，使长江中下游地区尤其是三国时期的吴地道教氛围更为浓厚，为神兽镜的流行提供了更为充足的条件。

（魏杨菁）

# "黄武六年"铭铜弩机

● 三国·吴
● 1998年南京市下关区（今鼓楼区）象山东晋太和六年（371年）王建之墓出土
● 现藏南京市博物馆

青铜质，高18.2厘米，长16厘米，宽4厘米。其组成部分郭、矢道、望山、弩牙、悬刀皆保存完好。郭面刻铭文："黄武六年八月司马冯图阝市吴举／作弩铜教敌要引檠□阝市刑□阝市／王隋省付藏吏吴厚。"望山侧刻铭文："恬哺刘普弩铜□□□□。"望山面有刻度以便瞄准，长约7.6厘米，已漫漶。

黄武（公元222年—229年）是三国时东吴孙权的第一个年号，根据铭文"黄武六年八月"可知，此为三国吴时期的弩机。

据考古发掘情况，弩机可能最早出现于春秋晚期的楚国。历史典籍有很多对弩机的记载，如《韩非子·说林下》："羿执鞅持杆、操弓、关机，越人争为持"，《吴越春秋·勾践阴谋外传》："横弓着臂"等。

弩机是一种远距离杀伤性冷兵器，主要用于狩猎和作战。伴随冷兵器时代的结束，这种弩弓类武器才逐渐消亡。弩机是弩的重要构件之一，安装于弩臂后部的发矢部件，用以扣弦发射。其主体是郭，郭中装牙，牙可钩住弦，郭之上即望山，为瞄准器。牙之下连接悬刀，发射时，扳动悬刀，牙下缩，被牙钩住的弦弹出，矢随即被有力射出。一些兵法、战书如《六韬》《孙子兵法》等对其用法、布阵等皆有详细论述，多以长兵强弩于前或左右，短兵于后，以达到最佳作战效果。

东汉末年，地方豪强兵分天下，魏、蜀、吴三足鼎立。其间硝烟不断，作为先进作战武器的弩机也在不断进化。根据对出土弩机的研究可知，我国古代铜弩机是从无郭弩机发展到有郭弩机的。至三国两晋时期，其形制、功能渐趋完善，变得更加稳固有力。魏蜀弩机的铭文多以反映制造机构及监察情况为主。而东吴弩机刻铭不尽相同，除年号、具体使用者姓名及职务、匠师名外，不见督造、官署名。因东吴政权实行世袭领兵制和奉邑制，世将世官日趋集军、政、财权为一体，导致士兵的私兵化、世袭化。所以东吴弩机的铭文多为突出其私有性。

弩机在我国武器发展史及冶铸技术发展史上皆占据着重要地位，此件文物为研究弩机的形制与发展、古代兵器管理体制沿革提供了珍贵的实物资料。

（孙雨璠）

# 青瓷釉下彩重沿盖罐

● 三国·吴
● 2004 年南京市秦淮区仙鹤街皇册家园六朝遗址出土
● 现藏南京市博物馆

　　青瓷釉下彩重沿盖罐，罐体口径 20 厘米、最大腹径 32.8 厘米、底径 18 厘米、高 28.6 厘米。盖径 14.8 厘米、残高 5 厘米。灰白胎，胎质细腻，器内外满施青灰釉，罐体局部釉泛青黄色，器盖局部还因水沁呈灰白色，胎釉结合牢固，未见脱釉现象。

　　罐重沿，内沿直领，外沿稍外撇，束颈，溜肩，深弧腹，平底。外底有 4 个支烧痕。衔环铺首和鸟形系各 4 个相间贴塑于肩部。除外底和内壁外，通体釉下绘褐彩纹饰，铺首和鸟形系上亦用褐彩勾勒。

　　领口内绘卷云纹和变体龙纹，领口外绘折线纹，内有"十"字形纹和云纹。肩绘一周覆莲瓣纹，内有"十"字形纹。下腹近底为一周卷云纹。腹部主题花纹分三层，每层有 8 个心形纹样。上层以铺首和鸟形系为中心，两侧对称绘瑞兽和变体龙纹，中层绘芝草、瑞兽和珍禽，下层绘变体龙纹。其间隙还绘"十"字形纹、云气纹及瑞兽纹等。各组纹饰之间以弦纹带相隔。

　　器盖覆钵形，近直口微敛，圆弧状盖面。盖纽残，长方形纽座，盖口沿有 5 个支烧痕。器盖内外通体釉下绘褐彩纹饰，盖内口沿为一周斜网格纹，中央主题纹饰为云气、芝草纹，其上下还各有一只奔跑跃动的瑞兽。盖顶为四柿蒂纹，外绘卷草纹、卷云纹和联珠纹。

　　这件青瓷釉下彩重沿盖罐除器底及罐内壁外，通体遍绘彩绘纹饰。彩绘纹饰华美异常，其构图之严谨，笔触之清晰，线条之流畅，图案之丰富，为青瓷彩绘所罕见。

　　该器出土于南京城南秦淮河畔，因为在同一地层中，亦发现三国吴至西晋的纪年木简，成为盖罐的断代依据。此种釉下彩绘瓷器出土甚少，目前在南京地区，这种东吴晚期的釉下彩绘瓷器完整或可以修复完整的仅有三件，均藏于南京市博物馆。

　　这类外观华丽新颖的瓷器使用者身份高贵，有学者推测这是为吴都城建业宫廷内的高层统治者们专门烧制的高级日用瓷器；也有学者提出可能是作供奉之用的观点。它在六朝流行的时间非常短暂，目前只发现在吴、西晋这一时期，有可能是因吴晚期皇室所需而出现兴盛，又因其政权的覆亡而倏忽衰落。我们期待新的考古发现能够提供更翔实的依据。

（朱敏）

# 木名刺

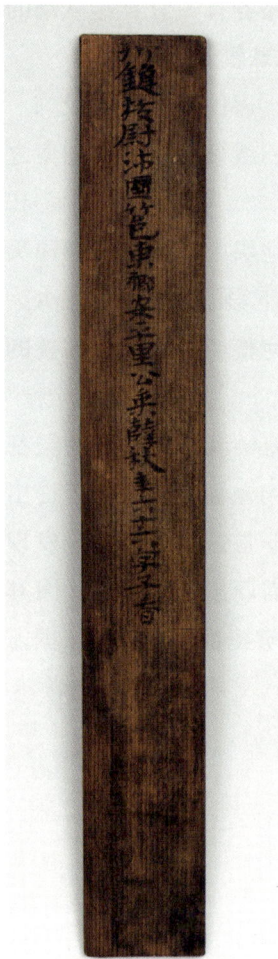

● 三国·吴
● 2004 年南京市白下区
（今秦淮区）大光路薛秋
墓出土
● 现藏南京市博物馆

木质，长 24.8 厘米，宽 3.3 厘米，厚 0.3 厘米，长条形。上有墨书"祈□校尉沛国笪东卿安平里公□薛秋年六十六字子春"，字体为略有楷书意味的隶书。

名刺"削竹木以书姓名"，其形"长而狭"，是一种类似于现代名片的文书简，兴于汉末，流行于六朝，以魏晋最盛行。最初用于官场，官员详细写上自己姓名、爵位、籍贯等内容，在重大场合互相投递，以便结交、问候之用，后来在民间士人之间亦逐渐流行。

此名刺出土于三国吴时期的一座单室券顶砖墓，墓葬保存完整，平面呈"凸"字形，由墓室、甬道和封门墙组成，前部砌一祭台，将墓室分为两部分，里面摆放棺木，祭台与墓门之间摆放随葬器物，墓室内侧放两具棺木，两棺除扣合的榫卯处稍有不同外，形制基本相同，棺身均由整段木头凿成，断面呈"凹"字形，为夫妻合葬墓。

木名刺出土于男性一侧，并同出木印章、石印章、银带具、铁环首刀等；女性一侧出土有鎏金钗、鎏金戒指、金环、铁镜等。该墓出土的器物较丰富，有陶器、青瓷器、漆器、木器、金银器、铁器、铜器与铜钱等。依据出土的木名刺上的文字，此墓被称为"薛秋墓"。

薛秋墓的形制较为完整，出土器物种类较多，墓中没有出土明确纪年的实物材料，但通过对该墓所出器物分析，可推测薛秋墓的年代为吴中晚期。

名刺最早见于西汉史籍，被称为"谒"。"谒"本义是禀告、陈述。《说文解字·第三上·言部》载："谒，白也"。"白"古义即是说话、陈述，后有"拜见"之义，并一直流传使用。后由此义引申出名词词性的"名刺"之义。谒的含义主要是请求接见，而刺的含义则多指通报姓名等。从西汉末到东汉及之后的很长一段时间拜谒求见的文书仍然称为"谒"，但自东汉开始，"谒"之称谓有所减少，"刺"之称谓渐多。

考古发掘中出土的名刺以三国魏晋时期为多，出土地点多为南方地区。薛秋墓出土的名刺在形制和书写格式上与三国吴高荣墓、朱然墓出土的名刺基本相同，结合出土的印章，可知墓主人是薛秋，籍贯是沛国竹邑东乡安平里，官职为折锋校尉。校尉之职始于汉武帝时期，当时设置的八校尉，秩皆两千石。至东汉末年，校尉的名称越来越多，《三国志》中出现了很多"校尉"。对于这些名称的判断，胡三省先生注引洪氏《隶释》曰："诸侯擅命，率意各置官署。"李蔚然先生认为这些名号系临时拜封，史籍失载。

此件名刺在南京地区六朝早期墓中的发现，具有比较高的历史研究价值。

（邱晓勇）

# 青瓷俑群

● 三国·吴
● 2006 年南京市江宁区上坊吴墓出土
● 现藏南京市博物馆

　　这套青瓷俑包括坐榻俑、抚琴俑、击鼓俑、伎乐俑、侍从俑等，均整体施青釉，釉色泛灰，长脸尖腮，细长眉，小眼。

　　坐榻俑，在方形地板后部置一长方形榻，榻角端坐一人物俑，头戴圆形小平冠，双手拢于胸前。榻前有一长条形几案，两侧各有三个条形支足。底座长 21 厘米、宽 20 厘米、通高 17 厘米。

　　抚琴俑，头部微偏，跪坐于底板上。双手抚琴，琴为九弦，两侧有琴头弦柱。底座长 12.4 厘米、宽 8.8 厘米、通高 13.8 厘米。

　　击鼓俑，头部微偏，跪坐于底板上。俑前置一鼓，右手执鼓槌，左手抚鼓面。底座长 7.6 厘米、宽 9 厘米、通高 13.6 厘米。

　　表演俑，站立于方形底板上。头戴小冠，上唇及下颌有须。左手上托下巴，右手残缺，似乎在表演口技。双腿扁平，左腿向前，右腿退后，双脚穿屐。通高21厘米。

侍从俑，分为女俑和男俑两种，两种侍从俑均双手拱于胸前，呈恭立状，女俑上衣为"V"形领，对襟，下身长裙曳地；男俑分为圆领和交领两种，着长裤，足尖外露。

从三国到南北朝的三百六十多年中，我国的南方和北方长期处于分裂对峙的局面。在这期间，江南地区战乱较少，社会相对安定，而北方黄河流域战祸频仍，这导致中原地区广大人民和士族地主大批南下，一时间江南地区经济获得了长足发展。

建康(今南京)作为六朝古都，当仁不让地成为江南地区的政治、经济、文化中心。物质文化的繁荣，最直观的体现就是墓葬中出土大量精美随葬品，上坊大墓出土的造型丰富、数量众多的各类青瓷俑，是同时期单个墓葬中出土数量最多的一次。这些瓷俑制作精巧，釉色莹润，人物衣冠服饰刻画细腻，为六朝早期青瓷的杰出代表。

如此众多的青瓷精品出土于上坊吴墓中，并非偶然。江南地区历来是我国瓷器的重要产地。春秋战国时期，吴越之地就已出现了大量的原始瓷；东汉时期，浙江东部、江西中部、湖南中部等地先后在原始瓷的基础上发明创烧了真正意义上的瓷器。六朝时期，我国南方社会相对安定，中原士族民众大量南迁，为瓷器等手工业生产的发展创造了极为有利的条件。瓷器是六朝手工业发展的最突出成就，不仅各地遍布瓷窑遗址，而且成为墓葬中最为常见的随葬品。烧造技术的改进和提高，使以越窑为代表的一些六朝青瓷器达到了类玉类冰的效果。不少瓷器艺术品精美绝伦，甚至接近现代瓷器的标准，为此后唐代瓷业的繁荣奠定了坚实的基础。

（许志强）

# 虎形石棺座

● 三国·吴
● 2006年南京市江宁区上坊吴墓出土
● 现藏南京市博物馆

棺座石质，高31.5厘米，长144厘米，宽29厘米，呈长方形。两端雕有龇牙竖耳的虎首和卧虎的前蹄，凿制规整，墓葬后室的后部共发现有三组六件，置于不同几何纹地砖上，棺座上曾置木棺，但已朽散。

墓葬位于江宁区上坊中下村孙家坟土岗的南麓，为土坑竖穴砖室结构。此墓全长20多米，墓葬由封土、墓坑、斜坡墓道、排水沟和砖室等部分组成。

墓葬前、后室均为四隅券进式穹隆顶结构，甬道、过道及4个耳室均为券顶结构。墓壁均先以"三顺一丁"组砖起砌底部裙墙，其上的券顶以顺砖平砌起券至顶，四隅券进式穹隆顶则从中央向两侧斜砌成倒"人"字形结顶。

前室顶部发现有巨型覆顶石，内面有精美的神兽纹雕刻。前后室四隅中部嵌有石质兽首形圆雕灯台，其上壁面有烟熏的痕迹，推测为摆放灯具的灯台。虽然此墓早年遭到严重盗掘，但是仍出土数百件各类文物。

上坊吴墓中的虎形石棺座

　　史载吴末帝孙皓执政期间，大封宗室诸王，仅凤凰二年（273 年）三月至天纪二年（278 年）七月两次就各封十一王。他一改其祖孙权俭素之风，在宝鼎二年（267 年）新造昭明宫，"穷极伎巧，功费万倍"，宫内建筑更是"加饰珠玉，制以奇石"。这一时期的墓葬一般也较此前同等级者规模更大，随葬器物更丰富。

　　南京上坊吴墓规模宏大，等级较高，从出土石棺座和木棺的数量来看，墓内所葬应为三人，其后室中央大棺内所葬推测可能是孙皓时期的一位宗室乃至王族，两侧整木挖成的小棺内所葬应为其两位夫人。

　　南方地区的吴墓，木棺多直接置放于墓底铺地砖上，只有马鞍山宋山墓、朱然家族墓、湖北鄂城孙将军墓等少数墓葬中设置有突起的砖砌棺床，还有一些墓葬则以前后两道砖砌棺垫承放木棺。

　　南京上坊吴墓中使用这样精美的虎形石棺座葬具不见于以往的吴墓，相似遗物仅在河南淮阳北关一号东汉墓中有所发现，墓内出土虎形、狮形石座各一具。石座一端雕琢为狮、虎之形，另一端凿平摆放木棺。

　　南京上坊吴墓是迄今发现的规模最大、结构最为复杂的吴贵族墓葬之一。虎形石棺座的出土更能佐证此墓葬主人的身份等级，为研究三国吴时期宗室丧葬礼俗的重要实物。

（邱晓勇）

# 青瓷鹰形盘口壶

● 西晋
● 1964 年南京市雨花台区板桥石闸湖西晋永宁二年（302 年）墓出土
● 现藏南京市博物馆

这件盘口壶为浅灰色胎，青灰釉，浅盘口，短颈，鼓腹，平底。高
17.5 厘米，口径 10.5 厘米，底径 11 厘米。肩部堆塑鹰首，双目圆睁、尖
喙下勾。腹部两侧刻画双翼，胫部前面贴附双足，后面塑鹰尾，给人以
鹰栖于枝的感觉。

盘口壶是一种主要流行于南方的盛水器，其基本特征为盘口，无流，
有颈，系都贴附在肩上。盘口壶从西汉时期开始出现，经历东汉、三国、
两晋、南北朝时期的发展，一直延续到隋唐五代时期，之后逐渐被执壶
取代。

盘口壶沿用时间长，分布地域广阔。其质地有陶质、瓷质，瓷质盘
口壶多为青釉、黑釉，部分有彩釉。西晋之前的盘口壶器形较矮胖，东

晋时器形逐渐增高，各个部位的比例趋于协调，线条柔和，造型优美，重心向下，放置平稳。至南北朝时期，受政治因素影响，长江中下游地区盘口壶广泛流行，又因为政权更迭频繁，推动了盘口壶形态的变化。南北朝时盘口壶在器形上逐渐演变成瘦长、大口，多桥形系，大平底形。随着时代的变迁，器形上部从丰满稳重转而走向颀长清瘦。因盘口壶造型独特，有较为清晰明确的发展顺序，故常被作为典型器用于判定年代。

从现有的发掘资料以及研究可知，具有"盘口"这一特征的陶壶从战国时期就已经开始零星出现，到两汉时期得到充分发展，最初可能是以仿青铜器的面貌而产生的。三国时期，由于瓷器在当时还是一种兴起不久的新产品，所以此阶段的盘口壶在造型和装饰上基本是承袭汉代，较多地吸取了陶器、铜器和漆器等的形式和图案花纹。到了吴末西晋初，因为越窑、瓯窑已有了较长的制瓷历史，生产经验丰富，所以盘口壶造型和装饰艺术也有了很大的提高。由于陶瓷工艺渐趋成熟，盘口壶在南方大量出现。南北朝时期，南方最常见的盘口壶在北方也开始出现，另外，在浙江、福建、江西等地的窑址中都有盘口壶的发现。

盘口壶的使用贯穿两汉、三国两晋南北朝和隋唐五代时期。三国两晋南北朝时期的盘口壶在全国多地墓葬均有出土，其中以江苏南京最多。这件盘口壶将鹰的器官巧妙地置于盘口壶上，用鹰装饰盘口壶在目前考古中极为少见，弥足珍贵。

（陈宇滔）

# 青瓷熊座灯

灯通高 15.5 厘米，为瓷质，灰白胎，施青釉。盏高 3.5 厘米，口径 9.9 厘米，敞口，直腹，平底，外壁饰弦纹及联珠纹。承柱高 10.5 厘米，直径 5.8 厘米，上附一长柄，柄端饰龙首，龙微微露齿，圆睁双目。承柱下部贴一简化的坐熊，熊首紧贴承柱，双耳竖立，右前爪正取食入口，左前爪则作抓耳挠腮状，后肢伏地蹲坐，憨态可掬。熊身戳刻联珠纹，简单勾勒出兽毛的质感。承盘高 2 厘米，口径 15.5 厘米，底径 11.2 厘米，敞口，折沿，沿较宽，斜壁，平底，沿上饰弦纹。

1995 年 7 月，南京市博物馆与雨花台区文管会在雨花台区雨花镇丁墙村抢救性发掘了一座六朝的早期墓葬。该墓葬为砖室墓，砖室上部已被毁，墓底有二层铺地砖斜铺成"人"字形。除了这件青瓷灯外，墓葬还出土有盘口壶、罐、樽、钵、熏炉、羊圈等青瓷器以及 1 件铜镜。关于墓葬中出土的这些青瓷器，考古人员推测极可能是由宜兴均山一带的窑口烧制。

火的出现给人类带来了温暖和光明，也促进了灯具的发展。在古代中国，随着青铜铸造技术的成熟，灯具在秦汉时期发展到顶峰，其种类繁多，样式精巧，出现了大量巧夺天工的精品，例如人们耳熟能详的河北满城汉墓出土的西汉长信宫灯、广州南越王墓出土的西汉龙形灯、江苏邗江甘泉山出土的东汉错银饰青铜牛灯等。其后的魏晋南北朝时期，灯具的发展趋向实用化和简约化。此时青瓷制造技术成熟，青瓷器皿在生活中普遍使用，青瓷灯也得到广泛应用，成为时人的生活必备器物。青瓷灯也陪着众多文人逸士吟诗作赋，度过漫漫长夜，西晋诗人傅玄便作《灯铭》曰："晃晃华灯，含滋炳灵。素膏流液，元炷亭亭。丹水阳辉，飞景兰庭。"

　　此时的青瓷器喜用动物造型为装饰题材，出现了很多立体动物造型的器物，如青瓷羊尊、虎子、神兽尊、蛙形水盂等。也出现很多局部的动物装饰，如鸡首、龙首、龙柄等。涉及的动物种类繁多，有龙、凤、辟邪、麒麟等神兽，有虎、狮、熊等猛兽，也有牛、羊，猪、狗、蛙、鸡、龟等生活中常见的动物。此件青瓷灯，便是局部使用了龙和熊的造型，使得一件简单的灯具变得生动有趣。将生活实用器与动物造型相结合，反映了当时人们特有的一种审美情趣。

（边昕）

# 象牙尺

● 西晋
● 2002 年南京市白下区（今秦淮区）升州路出土
● 现藏南京市博物馆

象牙质，米黄色。尺长 24.3 厘米，宽 2.6 厘米，厚 0.6 厘米。尺的两面用圈点纹刻画分度线，分度线只占尺面的一半，另一半为素面。两面的刻度部分共分为五等份。每寸分度线刻三个圈点纹，寸长 2.3—2.5 厘米。在第五寸的分度线上，由圈点纹组成十字图案。刻度交错排列，个别圈点纹内残留朱砂痕迹。尺的一端有圆形穿孔，应为穿系之用。

2002 年 2 月，由于工程基建，在南京市升州路与中华路交接的西北部，发现一口古代水井，在对其进行抢救性考古发掘的过程中，出土了象牙尺、狮形插器等重要器物。

水井为砖结构，上部已被施工机械掘毁，现残存井口距今地表约 6.4 米。井坑平面呈不规则椭圆状，直径 1.11—0.89 米，上大，下小，坑壁不甚平滑。井壁用长方形砖错缝直立竖砌，残存 2 组，口径为 0.67—0.76

米，残深 0.68 米。上组井圈由于挤压变形，井外壁立砖间隙以三角形木条加固。井砖青灰色，长 34—35 厘米、宽 15—17 厘米、厚 4—4.5 厘米，可分为素面和花纹两类，前者居多。花纹砖的图案模印于砖的侧面，有网格纹、放射纹、放射状钱纹和麻布纹。该井虽未出土有确切纪年的遗物，但一些出土器物有明显的时代特征，如双系釉陶罐与南京丁墙村西晋墓出土的青瓷双系罐相似；井砖和个别器物上压印的网格纹条带与南京地区西晋墓葬中出土器物的装饰风格一致。因此该水井被断代为西晋时期。

在考古发掘中，各类古尺出土较少。迄今所见六朝古尺多出于墓葬，时代多为吴至西晋间。其中有北京西晋永嘉元年（307 年）华芳墓的骨尺、洛阳西郊晋墓的残骨尺、洛阳西晋永宁二年（302 年）墓的骨尺等。从形制上来看，这时期的古尺可分两类。一类以洛阳西晋永宁二年（302 年）墓的骨尺和安徽南陵麻桥东吴墓的木尺为代表，尺的一面均分为十等份；一类以南京升州路西晋砖井的象牙尺和江西南昌东吴高荣墓的竹尺为代表，尺的两面交错分为五等份，另一半为素面。

南京升州路西晋砖井出土的古尺，以象牙精磨而成，推测可能是一把"官式"尺，其形制大小应具有比较典型的代表意义。同时，这也是六朝都城建康地区同类遗物的首次发现，对研究当时社会经济制度具有重要的参考价值。

（杨竹）

# "零陵太守章"石印

● 东晋
● 1958 年南京市下关区（今鼓楼区）中央门外老虎山东晋颜约墓出土
● 现藏南京市博物馆

　　这枚石印为石质，方形，龟钮。通高 3.2 厘米，台高 2 厘米，边长 3.7 厘米。印的正面刻"零陵太守章"五字。

　　"零陵"为古郡名，西汉元鼎六年（公元前 111 年）置。治所在今广西全州西南。辖境相当于今湖南邵阳以南，广西桂林以北之地。东汉移置泉陵（今湖南零陵），三国后辖境渐小。将墓中出土的石印结合文献记载可知，墓主为颜约，为晋左光禄大夫颜含之子。《晋书卷八十八列传孝友传》："颜含字弘都，琅邪莘人也……三子髦、谦、约。髦历黄门郎侍中光禄勋，谦至安成太守，约零陵太守，并有声誉。"又有《金陵通传》卷二载："颜髦字君道，琅邪人也，父含从晋元帝渡江，官左光禄大夫，侨居江乘，髦仕至侍中光禄勋，封西平候，弟约零陵太守，有政绩，子綝字文和，州西曹骑都尉。"

颜约墓是一座拱顶砖室墓，毗邻颜谦、颜綝、颜镇之墓。全长6.025米，宽2.51米。分墓室和甬道两部分。墓为南北向，北偏西20度。墓内积土很少，葬具已腐朽无存。从器物的分布和积土的厚薄可知为男女合葬墓。死者以木棺盛殓，男右女左。颜约的随葬品有石砚、青瓷鸡首壶、铁镜、鐎斗、石弩机和石印等，

"零陵太守章"石印底部文字

其夫人随葬有石猪、金镯等。在东晋时代，除了王谢两家以外，颜氏一族也为知名显贵。其家族墓是保存较为完整、且有一定代表性的东晋墓葬，对研究当时统治阶级的生活和丧葬制度有着重要的价值，同时对研究当时手工业的发展，特别是陶瓷工业和制墨工业的发展，也提供了可靠的参考资料。

"零陵太守章"石印具有两大开创性意义。其一，印文字体趋于简化，介于隶楷之间，方拙古朴，气势雄健，姿态横生。从先秦至两汉，篆字是印章使用的唯一字体。过去印学理论把宋代隶书朱文印"右策宁州留后朱记"作为后世隶书入印的发端，此印发现后，开启了以隶书入印的先河，打破了印文字体唯有篆书的限制，为印章字体的丰富化和艺术化做了大胆的尝试。其二，以"章"字入印，开创了官印印文的先河，"印""章"联署肇始于此。

（杨竹）

# 颜綝六面铜印

● 东晋
● 1958 年南京市下关区（今鼓楼区）中央门外老虎山 M2 出土
● 现藏南京市博物馆

　　该印铜质，方体。通高 3 厘米，底面边长 2 厘米，印台高 1.8 厘米。钮长方形，钮高 1.2 厘米，长 1.5 厘米，宽 1.2 厘米，钮左右侧有圆形穿孔。钮顶文字为"白记"；印底文字为"颜綝"；四周印文分别是"臣綝""颜文和""颜綝白事""颜綝白牋"。除"臣綝"一面无边栏外，其余各面皆有边栏。

　　印文均为阴文，用刀如笔，手法洗练纯熟。"白记""臣綝""颜綝白事""颜綝白牋"为一般汉印布局，整饬方正，是介于篆隶之间的缪篆；另两面"颜綝""颜文和"则呈现出修长秀美的风貌。印文竖笔引长下垂，末端尖细，犹如悬针，笔意舒展，与其上部疏密相映，这种新奇秀美的书体即为六朝时期盛行的"悬针篆"。

六面印主要流行于东晋、南北朝时期，其形制特殊，极富时代特色。印文内容包含了文书用语和印主人的身份信息，适用于不同的场合。南京地区先后出土了六枚六面铜印，分别是 20 世纪 50 年代出土的"颜綝"印、"颜镇之"印，20 世纪 90 年代出土的"孙宴"印、"华瑛"印，2010 年以后出土的"綦毋邃"印、"张迈"印。它们不仅同属东晋时期，而且在印章大小、形制以及印文风格诸方面皆相仿，说明此类印章在当时已经形成一定的规范与规模。

颜綝六面铜印底部文字

此外，六面印虽属私印范畴，但其持有者却是当时的官宦士族。此枚颜綝六面铜印出土于东晋颜氏家族墓中，颜氏是六朝之世家大族。西晋永嘉之乱后，颜氏家族追随司马睿南下，从此琅琊颜氏仕居江南达 270 年之久。

颜氏家族在江南迎来了人丁兴旺、职高位显的兴盛时期。据《金陵通传》卷二："颜髦字君道，琅琊人也，父含从晋元帝渡江，官左光禄大夫，侨居江乘。髦仕至侍中光禄勋，封西平侯。弟约零陵太守，有政绩。子綝字文和，州西曹骑都尉。"《续文献通考》又记载："髦生綝，州西散骑都尉、西平县侯。"

由此可知，颜綝为东晋左光禄大夫颜含之孙，侍中光禄勋颜髦之子，其时代当为东晋中期。

（朱敏）

# 谢鲲墓志

● 东晋
● 1964 年南京市雨花台区戚家山 M3 出土
● 现藏南京市博物馆

这方墓志花岗石质，竖长条形，长 60 厘米，宽 17 厘米，厚 10 厘米。单面刻志文，凡四行，满行十七字，末行少一字，共六十七字。志文为隶书，镌刻工整，排列整齐。此为南京地区六朝墓志中，目前所见最早的一方。志文曰：

"晉故豫章内史，陳□（國）陽夏謝鯤，幼輿，以泰寧 / 元年十一月廿□（八）亡。假葬建康縣石子罡，在 / 陽大家墓東北□（四）丈。妻中山劉氏。息尚、仁、祖；/ 女真、石。弟衮，幼儒；弟廣，幼臨。舊墓在熒陽。"

西晋是墓志演变发展的重要时期，永嘉之乱后，晋室南迁，墓志作为一种丧葬礼俗随即在江南发展，至东晋日趋增多。通常内容简略，包括墓主名讳、郡望、职官、生卒年月、葬期、葬地和家族人员概略等。据志文"假葬建康縣石子罡……"及相关资料分析：一是谢鲲尊崇了假葬风俗，且饱含爱国之心，渴望叶落归根；二是南京南郊石子罡是陈郡阳夏谢氏的家族墓地。

墓主谢鲲，《晋书》卷四十九有传，惟"鯤"作"鲲"。谢鲲为国子祭酒谢衡之子，太常卿谢裒之兄，太保谢安的伯父。因官至豫章太守，故被称为谢豫章。陈郡谢氏原是儒学世家，而到了谢鲲，为顺应时代思潮，由儒入玄，从而获得众多名士赏识。极高的声誉促使陈郡谢氏家族地位逐步攀升。随着东晋时门阀制度发展至顶峰，陈郡谢氏与琅琊王氏、桓氏、庾氏被称为"东晋四大家族"，成为当时地位显赫的豪门望族。唐代诗人刘禹锡所作《乌衣巷》中的"旧时王谢堂前燕"即指琅琊王氏和陈郡谢氏两大世族。

乌衣巷传说在三国时是吴国身着乌衣的戍守石头城的部队营房所在地，而至东晋则成为王、谢等豪门望族的聚集地。乌衣巷里走出了一代名臣王导、父子书圣王羲之、王献之和风流宰相谢安、山水诗派鼻祖谢灵运等名家巨擘，见证了六朝古都的繁华竞逐与簪缨华彩。

（孙雨璠）

# 鹦鹉螺杯

● 东晋
● 1965 年南京市下关区（今鼓楼区）象山东晋咸康六年（340 年）王兴之、宋和之墓出土
● 现藏南京市博物馆

　　鹦鹉螺杯长 13.3 厘米，宽 9.9 厘米，高 10.2 厘米。此器利用螺壳自然卷曲的形状，在螺壳的口部及螺壳的中脊等处镶钿鎏金铜边，口部的鎏金铜边伸出双耳，耳的样式与同时期耳杯的捏手相同，表明此杯用途与耳杯有相通之处。镶鎏金铜边不仅为了美观，也为易碎的螺壳增加了强度。口部的铜边则使嘴唇接触的部位光滑圆润。经镶钿的鹦鹉螺杯为圜底，平置不易放稳，杯的旋尖处弯向器口，望之仿佛一只栩栩如生的鹦鹉转过头来梳理自己的羽毛，又似鸟将头插入翅中酣睡。

　　鹦鹉螺是一种生活在印度洋和西太平洋菲律宾海域的珍稀贝类软体动物，迄今已有上亿年的生存历史，外形美丽，数量稀少，有"活化石"之称，在我国的南海也有鹦鹉螺栖息。在清代屈大均的《广东新语》中有这样的记载："有鹦鹉（鹉）杯，本海赢壳也，出琼州三亚港青栏海中，前屈而朱，如鹦鹉（鹉）嘴然，尾旋尖处作数层，一穴相贯，甚诘曲，可以藏酒。"这段记述与这件鹦鹉螺杯的形状是一致的。由于螺壳内隔层的特殊结构，倒酒时酒可以从小孔流入每个隔层中，而饮酒时却不能一饮而尽，其藏酒之妙足以为饮酒者助兴添趣。

鹦鹉杯在古代诗文中并不罕见，唐代骆宾王曾有过"鹦鹉杯中休劝酒"的句子，李白《襄阳歌》中"鸬鹚勺，鹦鹉杯，百年三万六千日，一日须倾三百杯"的名句更是脍炙人口。《艺文类聚》一书中也曾载，东晋初年，做过广州刺史的陶侃曾"上成帝螺杯一枚"，此所谓"螺杯"，指的就是当时南海所产的鹦鹉螺的壳制成的杯子。讲究的螺杯琢磨精致，往往镶金银扣，并且由于螺腔蜿曲，薮穴幽深，故号称"九曲螺杯"，为世人所珍爱。

这件器物出土于东晋王兴之夫妇墓中，王兴之是东晋宰相王导的后裔，与大书法家王羲之是叔伯兄弟。晋室南渡之后，王氏家族为东晋豪门之首，惠泽后代。鹦鹉螺杯应是墓主人王兴之生前赏玩之物，可见早在公元四世纪时，中原一带就与南方有着密切的联系，这和当时交广地区得到进一步开发，岭表异物纷至沓来的形势是分不开的。

（王泉）

# 玻璃杯

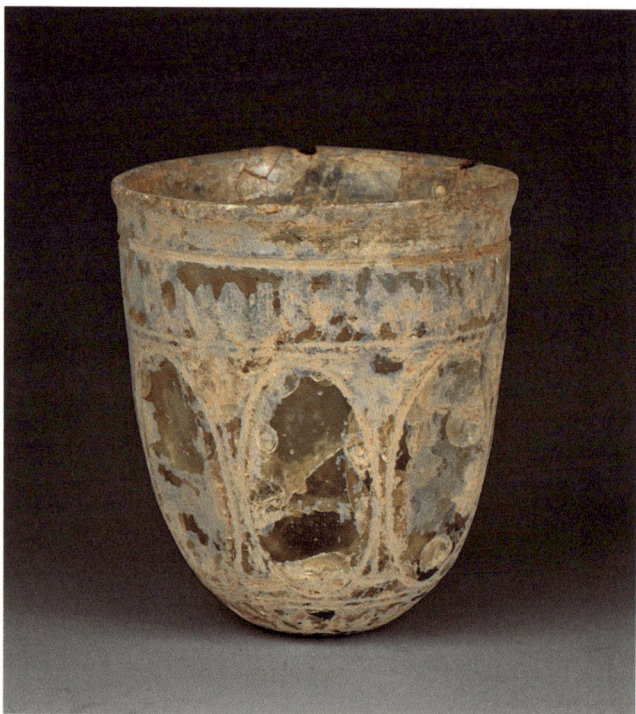

玻璃杯，高10.4厘米，口径9.4厘米，底径2.5厘米，壁厚0.5—0.7厘米。色黄微泛绿，较透明，内有气泡。杯身似筒形，口稍外侈，深腹，至底收敛，平底。杯身磨光，口沿外及下腹部各有一周弦纹及平整的花瓣，腹部有七个椭圆形装饰。器形端庄优美，具有异国风采。

● 东晋
● 1970 年南京市下关区（今鼓楼区）象山 M7 东晋墓出土
● 现藏南京市博物馆

这件玻璃器皿出土于南京象山 M7，它的主人是当时身份显赫的人物。南京象山是琅琊（今山东临沂市北）王氏的一支——尚书左仆射王彬的家族墓地所在。琅琊王氏从西晋太保王祥以来，直到梁陈之时都是上层统治集团中的主要豪族。随葬玻璃杯的 7 号墓位于象山西麓的半山坡上，据专家考证属东晋早期，其墓主人可能为王彬的次兄王廙。王廙生前地位十分显赫，官至荆州刺史、平南将军、武陵侯，死于晋元帝司马睿永昌元年（322 年），随即"丧还京都"，葬于建康（今南京）。

通过对其磨花工艺的研究以及玻璃成分的检测可知，这件玻璃器应属典型的罗马玻璃。近年来的研究发现,此类无色磨花玻璃器可分为两类:一类是新疆地区发现的沿丝绸之路的散落器物;另一类是集中出土于南京地区东晋时期墓葬的随葬品。侧面反映了罗马时代的器物是通过陆地丝绸之路和海上丝绸之路两条东西交通路线流传至中国境内。

魏晋南北朝时期中外交流频繁,为中外贸易提供了有利的条件。这样西方罗马、波斯等国的玻璃器就大量输入我国。加上各割据政权的统治者热衷于输入外国玻璃,所以在六朝墓葬中,玻璃和金银器一样,是比较珍贵的文物,多发现于皇室陵墓和世家大族墓葬中。

玻璃杯的出土是南京地区考古发掘的重要发现和收获,是六朝时期中外贸易往来的重要见证。为我们研究东晋时期的阶级关系、豪族的墓葬制度、中外交通史等方面提供了很有价值的实物资料。

(朱敏)

# 嵌金刚石金指环

● 东晋
● 1970 年南京市下关区（今鼓楼区）象山 M7 东晋墓出土
● 现藏南京市博物馆

　　指环为金质，呈扁圆形，素面无纹，直径 2.2 厘米。指环上焊接方形斗，长、宽各 4 毫米。镶嵌在斗内的金刚石为半个八面体，直径 1.5 毫米。1970 年出土于南京象山七号东晋大墓，距今已有 1700 多年的历史，为我国目前已发现最早的钻石戒指。

　　金刚石主要是由碳元素组成的等轴晶系天然矿物。金刚石是其宝石学名称，钻石是其矿物学名称。中国发现、利用金刚石的时代比宝石和黄金都要迟。比较早的记载可见《南史·西南夷传》："天竺迦毗黎国，元嘉五年（428），国王月爱，遣使奉表献金刚指环、摩勒金环诸宝物""呵罗单国都阇婆洲，元嘉七年遣使献金刚指环"。另有《旧唐书·西戎》载："（天竺国）有金刚，似紫石英，百炼不销，可以切玉。"《本草纲目》引《抱朴子》云："扶南出金刚，生水底石上，如钟乳状，体似紫石英，可以刻玉。"《齐东野语》有云："玉人攻玉，必以邢河之砂，其镂镂之具必用所谓金钢镂者，其形如鼠粪，色青黑如铁如石。"《本草纲目》

引《玄中记》称："大秦国出金刚，一名刻玉刀。"《本草纲目》引《十洲记》提到："西海流砂有昆吾石，治之作剑如铁，光明如水精，割玉如泥，此亦金刚之大者。"从这些记述可以看出，古人对金刚石的晶形、硬度、透明度、颜色等物理性状已经有了基本的了解。

金刚石指环的出土地点象山位于南京市北郊幕府山西南，这里是东晋尚书、左仆射王彬的家族墓葬区。王彬为东晋宰相王导从兄，死后赠特进卫将军、加散骑常侍，谥曰肃。1965到1970年间，南京市文物保管委员会在象山先后发掘了10座墓葬，除二号墓系南朝墓外，其余均为东晋墓。据墓志，一号墓是王彬的第四子、征西大将军行参军、赣令王兴之夫妇合葬墓；三号墓墓主是王彬长女王丹虎；五号墓墓主是王兴之的儿子王闽之；六号墓墓主是王彬的继室夫人夏金虎。据王兴之和王丹虎墓志分析，王彬应葬于两者之间，惜其墓早年已被破坏。

象山七号墓的主人被推测为东晋琅琊王氏家族成员王廙。琅琊王氏是东晋政权的重要支柱，其开基于两汉，鼎盛于魏晋，南朝以后走向衰落。琅琊王氏家族祖居于琅琊皋虞和临沂之间，永嘉之乱，举族迁居金陵。东晋元帝时，侨置南琅琊郡。琅琊王氏名人众多，王蔚、王离、王彬、王融、王祥、王导、王戎均为历代英豪。王廙是王彬的从兄，永嘉末年随司马睿弃郡过江，官至平南将军、荆州刺史、武陵侯，死后丧还建康。王廙生于晋武帝咸宁二年（276年），卒于元帝永昌元年（322年），死后"帝犹以亲故，深痛愍之，丧还京都，皇太子亲临拜柩，如家人之礼"，可见深得皇室信任。

金银指环在六朝贵族墓葬中并不少见，但是嵌金刚石的指环目前仅见此一例。除此之外，象山七号墓中还出土两件来自罗马的玻璃杯。这些出土文物充分显现出作为东晋政权统治支柱的世家大族特殊的政治经济地位，同时也反映了当时对外贸易往来的状况，是当时中外贸易交往的重要实物。

（周保华）

# 青瓷羊尊

● 东晋
● 1970 年南京市下关区（今鼓楼区）象山 M7 东晋墓出土
● 现藏南京市博物馆

　　青釉瓷羊尊，长 15.5 厘米，宽 8 厘米，高 12.4 厘米，灰白胎，青灰色釉。羊作跪卧状，羊体颀长、圆润，羊两颊饱满，下颌有须，神态安详，抿口敛神，两耳竖起贴于脑侧，两眼炯炯有神，双犄卷曲，头顶有一直径 1.5 厘米的圆孔，内空，与腹部相通。羊体呈茧状，束腰，臀部较大，短尾，两前足后曲、两后足前曲于腹下，腹部的两侧划有双翼。整个器物造型比例准确，线条优美，神态逼真，温柔敦厚。青釉均匀莹润，表现出了很高的瓷器烧造水准。

　　青瓷羊，是流行于吴和东晋之间的六朝青瓷典型器，墓葬里不时出土的器物，这从一个侧面说明当时权贵们对此物的偏爱。在古人看来，羊是代表祥瑞的动物，象征着吉祥、美好与善良。《说文解字》解释："羊，祥也。"古文中"羊"与"祥"相通，"吉祥"也写作"吉羊"。《考工记》云："羊，善也"，温顺、善良是羊的本性。《说文解字》又说，"美，甘也，从羊从大，会意。羊在六畜主给膳也，美与善同义"。羊是被人类较早驯养的家畜之一，与人们的生活亲近，因而古人常常将羊的形象应用到日常所用的陶瓷器物上作为装饰。从商代的"四羊方尊""三羊铜罍"，到汉代的"羊形铜灯"，唐代的"三彩陶羊"，羊的各种形象随处可见。而六朝时期的青瓷羊，则多是跪伏状。跪伏的羊，更是温顺谦卑的象征，符合中国人将道德与审美合一的思想观念。汉代大儒董仲舒在《春秋繁露》中说："羔食于其母，必跪而受之，类知礼者。"《初学记》引谯周《法训》中也讲到："羊有跪乳之礼，鸡有识时之候，雁有庠序之仪，人取法焉。"跪伏着的青瓷羊，就向世人传递着这样一种伦理美德。

　　关于青瓷羊的用途，说法不一。一说是照明用的烛台，另一说是盛水用的水注。

（朱敏）

# 陶牛车与俑群

● 东晋
● 1970 年南京市下关区（今鼓楼区）象山 M7 东晋墓出土
● 现藏南京市博物馆

　　这组陶牛车和陶俑群是迄今六朝考古发现中最大最精美的一组，共计 14 件套，由陶牛、陶车及陶俑组成，均为灰陶质。其中牛高 24 厘米，长 42.5 厘米；车高 44.2 厘米，长 73 厘米；俑高 22.8 至 34 厘米不等。

　　从造型和服饰看，俑的身份各异，有侍从俑、文吏俑、仆从俑和牵牛俑。俑的制作较为粗糙，先模制成形，再经简单的刻画加工，部分俑表面留有明显的刀削痕迹。俑根据穿着的服饰可分为两类。一类穿短衣长裤，头戴尖顶小帽或戴小冠，也有的光着脑袋，均著对襟窄袖短衫，是从事赶车、牵牛、跪地迎送等杂役的奴仆形象。其中一件俑双膝跪地，双手平摊于腹前，位于车的旁边，显然是专门伺候主人上下车的奴仆。另一类穿长袍，头戴前低后高的山形冠，或戴梁冠，着交领窄袖长袍，袍长曳地，掩盖双脚，有的双手拢于胸前，有的双手持笏，身份似乎比前一类穿短衣者高，应是死者生前的侍从或幕僚。这组陶俑数量众多，有明显的身份差别，在同类墓葬出土陶俑中较为罕见。

陶牛体形略瘦长，躯干匀称，脖上架车衡，躬背俯首，全力拉车，缓步向前。陶车双辕平行前伸，两端连接车衡，长方形车厢，平顶，顶棚前后出檐，车厢前面全部敞开，可坐车观景。车厢后面封闭置一门，供上下车使用，两壁无窗。车厢内较为宽敞，置一凭几，由主人任意倚坐。车厢下两个辐条式车轮由车轴相连，运转自如。牛与车均施彩，现已脱尽。整个牛车制作精良，造型稳健。

象山是东晋豪族王氏家族的族墓地，七号墓出土文物最丰富，推测墓主可能是死于永昌元年（322 年）"丧还京都"的王彬之兄——王廙。

这组俑群被发现时，位于墓室的甬道中。其中两件俑立于甬道内端近墓室处的两侧，应是墓主的贴身侍俑，其余皆排列于甬道外端，另有一件陶马位于牛车的右侧。以牛车为中心，十二件陶俑分布于车前牛后，牛马的头向均对着墓门。陶俑有的作持物状，有的作驱牛状，有的则跪地双手平摊作迎送状，形态不一，各司其职，是一个前呼后拥、随墓主出行的盛大场面。

乘坐牛车是两晋南北朝之际南方士大夫中盛行的风气，豪门贵族以出门乘坐牛车为尊，乘坐马车会被轻视，崇尚牛车之风则越演越盛。在晋、齐、梁的车舆礼制中，甚至制定了乘坐牛车人的等级及使用范围。《三国志·吴书·孙权传》就记载有吴主孙权使用牛车的情况，说他的车用八牛挽拉。东晋及其后，乘坐牛车的风气尤为盛行，而且成为一种制度，史籍多有记载。魏晋人的笔记小说里更是常见"出门见一犊车，驾青衣""乘犊车，宾从数十人"的描写。这情景与象山七号墓陶牛车及俑群的出土状况非常相似，这组俑群再现了当年世家大族子弟起居出行的情况，以及他们"饱食醉酒，匆匆无事""驾长檐车""从容出入"，奴婢成群，豪华享乐的生活。这组陶牛车与俑群从一个侧面反映了当时的社会习俗，是研究东晋出行制度以及车舆情况的珍贵实物资料。

（徐佩佩）

# 关中侯金印

● 东晋
● 1985 年南京市下关区（今鼓楼区）中央门外直渎山出土
● 现藏南京市博物馆

    1985 年，南京市迈皋桥采石场的人员在中央门外直渎山猪头峰下推土时，发现了这枚金印。这枚金印通高 2.1 厘米，台高 0.9 厘米，边长 2.4 厘米，重 118 克，含金量达 85%。印面为正方形，印面文字为白纹篆字："关中侯印"，两行从左至右竖排，印文布局大气庄重，篆法严谨，细劲挺拔，刀法遒劲，刻工粗矿。印纽造型为一只昂首爬行的乌龟，龟首前伸，圆目，口微张开。背部刻凿短线纹和曲尺纹，背部边缘和肢体排列圈纹、鱼鳞纹。足的刻画简洁明快，动感十足。

    "关中侯"为我国古代封爵之一，是魏晋时期奖赏军功人员的一种高级封号。据《礼记》记载："王者之制禄爵：公、侯、伯、子、男，凡五等。"《中国历代官称辞典》有："关内侯""关中侯""关外侯"

词条。"关中侯"是东汉末年曹操立魏王时设置的爵位，爵十七级，以封赏军功者。其侯爵的级别仍袭秦制，以斩敌首多寡而定，即斩敌首一，赐爵一级，至晋仍沿用侯封，但不计斩敌数目，此又有别于秦制。封号始自东汉建安五年（200年），目前最晚的见于南朝。

"关中侯"只是借用关中地名封号而已，与"东自函谷关，西至陇关，二关之间，谓之关中"的实际封地，并无任何联系，是当时的一种虚封爵位，无封

关中侯金印底部文字

地，不食租，没有政治权利和经济利益，仅代表荣誉而已，这种制度一直沿用到晋代以后才被废除。

（陈宇滔）

# 陶胡人俑

● 东晋
● 1997 年南京市玄武区富贵山 M2 出土
● 现藏南京市博物馆

胡人俑高 35.6 厘米，肩宽 10 厘米，陶质，灰色，内部中空。头戴三叠式螺形帽，帽后缘分三片垂至耳下，宽额大眼，高鼻梁，颧骨稍凸，咧嘴露齿微笑，面容憨态可掬，右肘抬起至胯腹，左手抬起至胸，双手虚握成拳，赤足站立。上衣下裤，装束简单而粗犷。头顶、胸、背、下腹、双膝处各有一小圆孔。

这件胡人俑出土时位于陶马的一侧，从动作形态上推断是牵马俑，是墓主人的马夫，从他的发型和服饰装扮来看可能来自西域。

"胡人"是中国古代对北边和西域少数民族的统称。汉晋时期是我国民族大融合的一个重要时期。汉魏之际，西北边陲少数民族向内地迁移的人数很多。汉族统治者为了加强对边陲少数民族的控制和补充内地劳动人手及兵源的不足，招引或强制塞外匈奴、羯、氐、羌、乌丸和鲜卑等族人民迁徙内地。三国时期，诸侯割据，战乱频繁，人口成为重要资源，因此掳掠人口成风。这些掳掠到吴地的北方人夹杂着早期强行迁徙到中原的少数民族，都被称为"胡人"。他们在江南成为南方豪族的部曲、佃客，是依附民，社会地位很低。在古代"事死如生"的丧葬观念下，将他们的形象制作成俑，随葬于主人的墓葬中，表明了胡人低下的社会地位和与墓主人的主仆关系，众多的胡人劳作俑、侍俑的形象也可以证明。

在两广、浙江、江苏等地区的汉代墓葬中就发现了胡人俑，三国两晋时期的胡人俑在江苏、浙江、湖北等地亦多有发现。这一时期的胡人俑头戴尖顶帽，多为堆塑罐上的装饰。

这件胡人陶俑出土于南京富贵山 M2。富贵山在太平门东侧、钟山南面，原为钟山的一部分，明代修建城墙时挖断山脉，才形成了今天的富贵山。它距六朝时期宫城所在地仅一公里，紧邻玄武湖，地望极佳。据《建康实录》记载，东晋康帝、简文帝、孝武帝、安帝、恭帝先后葬于钟山之阳。另有四帝葬于鸡笼山之阳。因钟山在东，所以钟山之阳的葬地号为"东陵"。

1960 年在富贵山东南麓发现过晋恭帝玄宫石碣，1964 年在距石碣400 米处发掘了一座东晋晚期大墓，据考证为恭帝冲平陵，所以今天的富贵山地区应该是晋东陵的一部分。其中 M2 出土器物规格较高，有陶器、青瓷器、铜器、铁器以及金银玉器等。从墓葬形制和出土器物我们可以判断该墓是东晋的王公贵族墓。

这件陶胡人俑制作精良，为研究东晋时期的文化交流、民族迁徙提供了证据，对研究汉魏两晋时期中西文化交流史具有重要的意义。

（戴慧婷）

# 蝉纹金珰

● 东晋
● 1998 年南京市栖霞区仙鹤观 M6 东晋墓出土
● 现藏南京市博物馆

这件蝉纹金珰为金质，顶部起尖，圆肩，平底，上宽 5.2 厘米，底宽 4.5 厘米，高 5.5 厘米。主体部分镂刻蝉纹，蝉翼舒展，头部两侧饰卷草纹。边饰锯齿纹，在镂空的线条上錾刻细密的联珠纹。蝉眼的镶饰已脱落。背部边缘有一周锯齿形卡扣。

金珰是一种冠帽装饰，两晋十六国墓葬中屡有出土。文献中关于金珰的使用者多集中在如侍中、中常侍一类的男性高官。《晋书·舆服志》卷记载："侍中、常侍则加金珰，附蝉为饰，插以貂毛，黄金为竿，侍中插左，常侍插右。"同时，金珰也是女性冠饰，为宫廷女官所配用。《晋书·礼志上》载："女尚书著貂蝉佩玺陪乘，载筐钩。"其中的蝉即为金珰，女尚书则是能够佩戴蝉纹金珰的女性宫廷官员之一。不限于宫廷女官，朝廷命妇也以金珰为饰。

此件蝉纹金珰出土于南京仙鹤观 M6 的西侧棺木中，死者为女性。棺内女性饰品丰富，有金钗、金镯、金珠等。棺木腐朽，有少量遗物漂浮出木棺，如桃形金片、金顶针等。东侧木棺底板尚存，出土铜弩机、玉剑具、组佩等物，死者为男性。据出土墓志，南京仙鹤观 M2 墓主为东晋名臣广陵高崧及其夫人谢氏。仙鹤观 M6 与 M2、M3 方向接近，排列有序，墓内设施具有一定共性，当属同一家族。三墓之中，M6 居后居左下方，因此身份最高。结合文献及墓室结构、出土器物的类型和形制，推测 M6 墓主系高崧父母高悝夫妇。高悝官至丹杨尹、光禄大夫。丹杨尹作为京都建康最高地方行政长官，地位十分特殊，位次九卿之下。光禄大夫亦多为给在朝显官的加赠官职，位在诸卿上。因而，墓中随葬的蝉形金珰符合高悝夫人的身份，反映出其尊贵的地位。

在蝉形金珰附近分布有桃形金片、花瓣形金片、金辟邪等。在汉末曹魏两晋的墓葬中，女性墓葬头部附近常出土如天鹿、辟邪、桃形、花形金片等饰件还有一些料珠。这些饰件的形状、尺寸十分接近，大部分的饰件上有圆形小孔，可供穿系悬挂，这些饰件与蝉形金珰可能均为女性墓主的步摇配件，符合步摇的"步则动摇"的特点。与蝉形金珰形态类似的还有骑兽纹金饰件、方形兽面纹金饰等，也出现于墓主头部，伴有桃形、花瓣形金片等。如南京大学北园东晋墓共出土四件饰件，两件骑兽纹，一为蝉纹，另一件为方形兽面纹。辽宁省北票冯素弗北燕墓出土三件，两件蝉纹，一为山形坐佛纹金珰。相较于此两墓，仙鹤观 M6 墓主身份较低，仅出土一件金珰。这种金饰件的数量与纹样的不同可能与墓主的身份等级有关。

（杨竹）

# 鎏金异兽衔杯铜砚滴

- 东晋
- 1998 年南京市栖霞区仙鹤观 M6 东晋墓出土
- 现藏南京市博物馆

　　鎏金异兽衔杯铜砚滴高 5.8 厘米，长 16.4 厘米，宽 7.5 厘米，青铜质，器表鎏金大部分已经脱落。异兽口衔耳杯，作卧伏状，头部双角后垂，双耳直竖，背部及腹侧羽翼丰满，四肢稍弯曲，五爪，长尾下垂，腹部中空，背上有圆管与腹部相通，兽口有一小孔与耳杯相通。一前腿爪部原残断，上有修补后以钉楔连接的痕迹，后补部分较粗糙。

　　这件砚滴出土于南京市栖霞区仙鹤山仙鹤观 M6。仙鹤山位于南京东郊栖霞区仙鹤门外，有东西二峰，东侧峰巅旧有仙鹤观。1998 年 6 月发现多座六朝墓葬群，其中三座东晋墓葬属于东晋名臣高崧家族。其中 M6 是夫妻合葬墓，根据墓葬形制和方位推断墓主人是高崧父母高悝夫妇。高悝官至丹杨尹、光禄大夫，被封为建昌伯。墓内出土玉、金、银、铜、铁、玻璃、水晶、琥珀、云母、漆木、陶瓷等质地的遗物近两百件。

砚滴和水盂都是磨墨时向砚中加水研墨的文房用具，只是在使用过程中人们发现，用水盂往砚里倒水时，往往水会过量，于是出现了便于掌控水量的器物，这就是砚滴又被称为"水滴""书滴"。《〈饮流斋说瓷〉译注》："水滴象形者，其制甚古，蟾滴、龟滴，由来旧矣。古者以铜，后世以瓷，明时有蹲龙、宝象诸状，凡作物形而贮水不多者则名曰"滴"，不名曰"盂"。"宋赵希鹄《洞天清录》中对水盂和水滴的由来进行了论述："古人无水滴，晨起则磨墨，汁盈研（砚）池，以供一日用，墨尽复磨，故有水盂。"所以砚滴的出现应该晚于水盂。这件砚滴出土时位于东侧棺木（男性）的前部，棺木已残，只剩底板，同一位置还出土了铜砚，充分证明了砚滴是和砚台一起使用的。根据资料显示，砚滴的出现不晚于汉代，最早为铜制，后出现陶、瓷、玉、石等材质。其样式、材质历代均有创新，具有鲜明的时代特点。这件东晋砚滴，形体为异兽，口衔着耳杯。异兽背部的圆管为注水口，耳杯前的圆孔是出水口，砚滴倾倒时，水流到耳杯，耳杯原为存酒器，这里成了存水器，而且存水量不多，水再从耳杯流到砚台中用来磨墨。

砚滴作为文房用品之一，已经具有两千多年的历史。它不仅反映了我国历代政治、经济、文化的发展，而且展现了当时文人墨客的审美情趣。这件鎏金异兽衔杯铜砚滴造型奇特，具有想象力，令我们不得不佩服古人的奇思妙想和创造力，同时也反映了东晋时期青铜器的锻造工艺。

（戴慧婷）

# 温峤墓志

● 东晋
● 2011 年南京市下关区（今鼓楼区）郭家山 M9 出土
● 现藏南京市博物馆

　　墓志为砖质，略方，长 44 厘米，宽 43 厘米，厚 6 厘米。一面刻志文，于方格线内工整排列。凡十行，满行十三字，共一百〇四字。志文隶书，略带楷意。墓志背面一角，阴刻一楷书"平"字。东晋为隶楷交替演变之特殊时期，隶书逐渐发展为略带方笔的楷意字体，如温峤志文已见端倪。后短暂存在，于东晋晚期、刘宋初年逐渐消失，未能发展为成熟楷体。志文曰：

　　祖濟南太守恭，字仲讓，夫人太原 / 郭氏。/ 父河東太守襜，字少卿，夫人穎川 / 陳氏、夫人清河崔氏。/ 使持節侍中、大將軍、始安忠武公，/ 并州太原祁縣都鄉仁義里溫嶠，/ 字泰真，年卅二。夫人高平李氏、

夫 / 人琅耶王氏、夫人庐江
何氏。息放 / 之，字弘祖；
息式之，字穆祖；息女膽；/
息女光。

温峤墓志拓片

温峤墓是迄今为止南京地
区发现的墓主身份明确、地位
最高的东晋勋臣墓葬。其墓志
较为特殊，不仅为迄今为止东
晋砖质墓志中最大最厚的一块，
且不是常见的长条形。志文内
容虽简略，却特意分三段记述
了宗室、墓主、妻室及后代姓名，独无生卒年月及葬期葬地。与当时南
京地区的众多名门望族一样，墓志皆记载联姻关系、配偶情况等。志文
中提及的配偶姓氏"太原郭氏""颍川陈氏""清河崔氏""高平李氏""琅
邪王氏""庐江何氏"皆为东晋名门望族。太原郭氏是西晋惠帝贾皇后
的舅族，琅邪王氏更是首屈一指的豪门。能与这些豪族联姻，温氏家族
的地位与影响可见一斑。温峤 17 岁出仕，公元 317 年奉使劝进，留于江
南。从此历任显职，且与晋明帝结为布衣之交。先后参与平定王敦之乱、
苏峻之乱，为稳固东晋社稷立下丰功伟绩，深得朝廷厚爱，并与卞壶、
庾亮等名流士族往来甚密。

温峤卒于东晋咸和四年（329 年）。《晋书·温峤列传》载，温峤死
后晋成帝下诏称赞："公明鉴特达，识心经远，惧皇纲之不维，忿凶寇
之纵暴，唱率群后，五州响应，首启戎行，元恶授馘。王室危而复安，
三光幽而复明，功格宇宙，勋著八表。"

据考古发掘报告，墓虽经盗掘，但其墓葬形制和随葬品亦可印证温峤
作为名门贵族在历史上的显赫地位。据《晋书》载，温峤"初葬于豫章，
后朝廷追峤勋德，将为造大墓于元、明二帝陵之北。"此次发掘的温峤夫
妻合葬墓即其丧还京都之迁葬墓，亦解开了其墓葬具体地点的千年之谜。

（孙雨璠）

# 青瓷香熏

● 东晋
● 2012 年南京市雨花台区天隆寺 M10 出土
● 现藏南京市博物馆

　　青瓷香熏，通高 34 厘米，口径 13.5 厘米，底径 19 厘米。由熏盖、熏盘、承柱、承盘四部分组成。熏盖呈锥形，顶部为一坐像，头部残，双手合十置于胸前。盖上部设九个圆孔，盖面贴塑五层交错的指状装饰，贴塑压印纹、弦纹等；盖下部有一圈三角形镂孔，两侧对称附一个横向弧形系。熏盘为圆唇，子母口，弧腹，圜底，盘沿处一周装饰有镂空三角形，口部两侧对称附一个横向弧形系。承柱为中空，圆唇，侈口，直壁，中部有节状凸起。承盘呈圆唇、斜壁、平底。器表施青黄釉，小开片。

　　香熏，又称"熏炉""香炉"，是我国古代熏香的卫生用具。熏香的习俗由来已久，最晚在战国时就已经出现，流行于两汉，并一直延绵至今。古代的人们已经认识到熏香可以抑菌除秽、净化环境、提神醒脑，

认为熏香既可养颜怡性，又可祛病强
身。《艺文类聚》引刘向《熏炉铭》
中记载："嘉此正器，崭岩若山。上
贯太华，承以铜盘。中有兰绮，朱火
青烟。"南朝宋文学家谢惠连作《雪赋》：
"燎熏炉兮炳明烛，酌桂酒兮扬清曲。"

到两晋时期，随着制瓷工艺水平
的不断提高，青瓷香熏应运而生，开
始成为贵族的新宠。居室使用香料时，
放在香熏中点燃，香气即从香熏孔隙
缓缓飘出。《颜氏家训》上记载梁朝
子弟："无不熏衣剃面，傅粉施朱。"
南朝高贵的青年文官普遍用香熏衣而
保持香气，以示高雅。贵夫人出行更
有专人捧香炉跟随，可见熏香之风大盛。

青瓷香熏

贵族的喜爱也使得香熏的制作愈加精致，造型更为端巧玲珑。两晋
时期，透雕镂空的装饰手法被广泛应用于青瓷香熏之上，常见的弦纹和
施点褐彩的装饰工艺也有所体现，这是青瓷进一步发展的一个重要时期。
轻巧的造型和简洁明快的装饰，都更好地体现出了青瓷瓷质和釉色之美，
是瓷器向着清新雅致方向发展的开端。

（朱敏）

# 帷帐铜构件

● 南朝
● 1960 年南京市秦淮河出土
● 现藏南京市博物馆

帷帐铜构件为青铜质，共五件。其中四件形制类似，各高 18 厘米，长 29 厘米，铜管直径 4.3 厘米。另一件高 7 厘米，长 32 厘米，铜管直径 4.3 厘米。这些为固定帷帐的构件，由垂直或斜交的空心圆铜管构成，管内可插支撑架以撑起帷帐。同出五件，其中四件是置于帐顶四角的固定构件，由四截圆管相交，交角处饰立体莲花图案。另一件为置于帐顶中心的固定构件，亦由四截圆管相交，相交处饰镂空莲花纹。五件铜管交角皆向帐内里侧。同类型的帷帐铜构件在河南、辽宁等省皆有出土，一般以组合形式出现，一组多件。

帐是古代室内重要的陈设物件，古人习惯在床和榻上支帐，起到美观装饰、防风保暖、避蚊驱虫的作用。人们将撑帐帐杆安置在床的四角，加之横杆形成主要的方形框架，顶面亦有支撑帐顶的横架。在帐杆连接处用于稳定加固的金属构件即通称为"帐构"。

在河北、山东等地的大型战国墓里，发现过组合青铜帐构。结合史籍记载推测，青铜帐构初现于东周，而后流行于汉至魏晋南北朝时期。在当时等级森严的阶级社会，帐及帐构亦是等级身份的象征。在帐及帐构的使用方面有严苛的规定。华贵的大型锦帐是皇室贵族专用的奢侈品，其上多以莲花、金龙、流苏等作装饰。而普通人使用的帐及帐构则无法与之匹敌，多为朴素的斗帐，形制都很简单。《太平御览》卷六九九《晋令》中提到，晋朝明文规定锦帐为禁物，六朝时亦是如此。刘宋孝建元年（454年）就曾规定诸王子所用"帐铺不得作五花及竖苟形"。《宋书·礼志》记载，锦帐与织成衣帽、纯金银器等皆为禁物，连"诸在官品令第二品以上"的官员都不得使用。六品以下官员连绛帐也不得张设。至于"骑士卒百工人"，因身份低贱不得施帐。

自战国至南北朝时期，无论墓主等级高低，帷帐奢华与否，皆有以帐与帐构作为随葬品的风俗。而帐架和帐都是极易朽毁的有机质，金属的帐构较容易保存下来。结合发掘墓葬中的壁画、画像石、画像砖以及出土帐构，我们能够大致复原一千多年以前的床榻帷帐样貌，从而感受当时皇室贵族丰奢的生活状态。

（孙雨璠）

# "竹林七贤与荣启期"砖印壁画

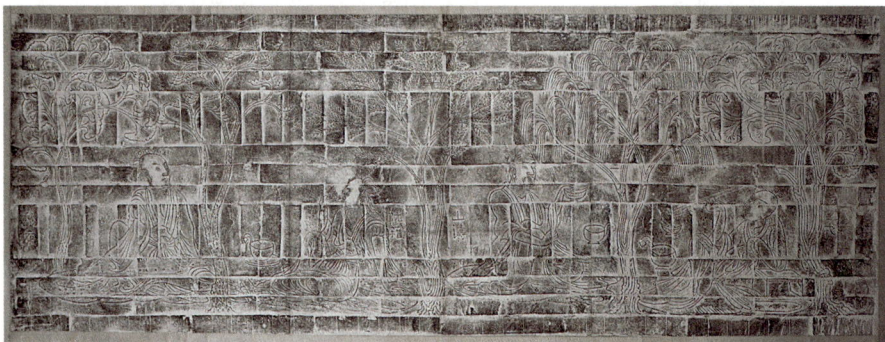

● 南朝
● 1960 年南京市雨花台区西善桥宫山南朝大墓出土
● 现藏南京博物院

　　壁画分为两部分，出土时分布于墓室内部左右两侧壁，各由 300 余块青砖拼嵌而成，每面长 2.4 米，高 0.88 米。西壁自外而内为嵇康、阮籍、山涛、王戎；东壁自外而内为向秀、刘伶、阮咸、荣启期。八人皆席地而坐，或弹琴，或饮酒，或长啸，或沉思，神态各异，间以银杏、松树、槐树、垂柳等树木，旁有铭文标明人物姓名。其中，荣启期为春秋时期的高士，其余七人即为魏晋时期著名的"竹林七贤"，以隐逸山林、放浪形骸得到时人的追捧和效仿。

　　南京西善桥宫山南朝大墓发现于 1960 年 4 月，是一座中等规模的单室墓，早年曾被严重盗掘过，但墓中出土的大型砖印壁画被很好地保留下来。类似的大型砖印壁画均出土于南朝时期高等级墓葬中，宫山大墓就被学者推断为陈废帝陈伯宗的墓。推测砖印壁画的制作工艺为：工匠根据粉本制作模具（推测为木模），用模具将不同纹饰模印至砖坯，进而烧造成画像砖，再将纹饰各异的画像砖按照特定顺序拼砌成画。在构成砖印壁画的画像砖砖面上，均刻画有标明方位的铭文，工匠正是按照铭文指示拼接起大型砖印壁画。

迄今发现带有"竹林七贤与荣启期"砖印壁画的南朝大墓并不多，包括丹阳胡桥仙塘湾大墓、丹阳胡桥吴家村大墓、丹阳建山金家村大墓、南京西善桥宫山大墓等，其中以西善桥宫山大墓出土砖印壁画保存最为完好。

近年来，南京市博物馆考古工作人员在南京地区发现了数座南朝时期的墓葬，也有类似题材的砖印壁画和模印画像砖出土。包括 2010 年雨花台区石子岗 M5，2012 年雨花台区铁心桥小村 M1，以及 2013 年栖霞区狮子冲 M1、M2（墓主推定为梁昭明太子萧统及其生母丁贵嫔）。其中狮子冲 M1 出土半幅"竹林七贤"砖印壁画，狮子冲 M2 出土"仙人持幡"砖印壁画及大量"竹林七贤"题材模印画像砖。石子岗 M5 和小村 M1 虽出土类似题材画像砖，但均为未拼砌成画的乱砖，其中原因众说纷纭，未有定论。

目前已知三处相对完整的"竹林七贤与荣启期"大型砖印壁画（南京西善桥宫山、丹阳建山金家村、丹阳胡桥吴家村），除了线条上的细节差异和个别人名错乱（所谓的"错版"）外，它们的人物造型、构图风格基本相同，学者们认为它们很可能出自同一粉本。至于粉本的原作者，有学者认为是东晋时"才绝、画绝、痴绝"的顾恺之，也有学者认为是南朝时期画作"秀骨清像"的陆探微。无论作者是谁，都为研究魏晋南北朝时期的绘画提供了翔实而可靠的资料。

魏晋南北朝时期的绘画上承秦汉，下启唐宋，是中国绘画史上的重要转折期，当时的绘画追求写实和传神，出现了顾恺之、陆探微、张僧繇和戴逵等一批大家。除了顾恺之有三件唐宋摹本存世，其余真迹早已失传。因此，这件我国目前发现最早、保存最为完好的大型人物砖印壁画，填补了魏晋南北朝时期绘画史上的空白，在中国绘画史上占有极其重要的地位。

（边昕）

# 羽人戏龙、羽人戏虎砖印壁画

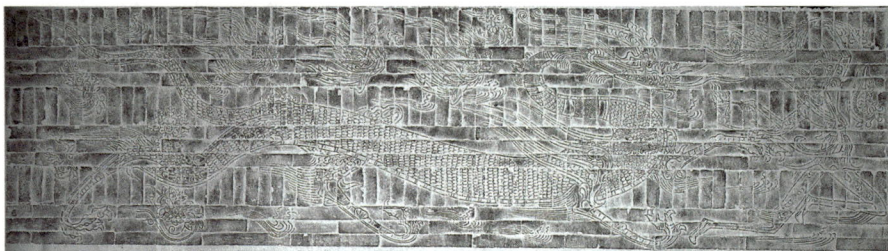

● 南朝
● 1968 年江苏省丹阳胡桥公社宝山大队吴家村南朝墓出土
● 现藏南京博物院

"羽人戏龙"砖印壁画长 3 米，高 0.9 米。砖文自铭为"大龙"。一条大龙居中，高竖双角，双目圆睁，张牙舞爪，威风凛凛。龙身修长，遍体鳞纹，昂首摆尾，腾云驾雾。一羽人位于大龙前方，左手执仙草，诱龙前行，右手执一长柄勺，勺中有熊熊火焰，似在炼丹。大龙上方有三"天人"（砖文自铭）：一人捧盘，盘内置鼎；一人托盘，盘内为仙果；另一人执杖，杖端挂磬。

一般与"羽人戏龙"砖印壁画同出的还有"羽人戏虎"。1968 年江苏省丹阳建山金家村南朝墓出土的"羽人戏虎"砖印壁画长 3 米，高 0.9 米。砖文自铭为"大虎"。一头猛虎居中，虎目圆睁，不怒自威，体态修长，昂首翘尾，肩附双翼，四足疾驰。一羽人位于大虎前方，身段婀娜，执仙草诱虎前行。大虎上方的三个"天人"：一人持仙果；一人捧笙；另一人手持物因砖面残缺而不明。

"羽人戏龙"和"羽人戏虎"砖印壁画目前多出土于南朝帝陵级别的墓葬中，位于墓室主室前方上部，"羽人戏龙"居左壁（东壁），"羽人戏虎"居右壁（西壁）。与其同出的砖印壁画有"太阳""月亮""狮子""车马出行""武士""竹林七贤与荣启期"等。

吴家村墓应为齐和帝萧宝融所葬的恭安陵。齐和帝萧宝融，字智昭，为齐明帝萧鸾第八子，被迫禅位于萧衍，齐就此灭亡。萧宝融被降为巴陵王，后吞金自杀，被追封为齐和帝，并葬于恭安陵。金家村墓的墓主则还有较大的争议，发掘者认为是东昏侯萧宝卷，但另有证据显示墓主为齐明帝萧鸾的可能性更大。

羽人出自中国古代神话故事，顾名思义就是有羽翼可以飞翔的仙人，往往与不死或者升仙相关。最早记载于《山海经》，称为"羽民"。羽人的形象早在商代就已出现。秦汉时期人们渴望跨越生死，获得永恒，因而成仙风气盛行。此时的墓室壁画或者画像石、画像砖中有大量表现升仙的场景，羽人在其中可见，常见的内容有引导、侍奉、驭车、戏龙、戏虎、戏凤、驾鹤、骑象等。到南朝时期，"羽人戏龙""羽人戏虎"的内容得到沿用，但是羽人的形象和汉代有所不同，此时的羽人已经完全是人的形象，身段也变得轻盈婀娜，在墓室壁画中的地位变得更加重要。这两幅砖印壁画中，羽人、天人衣纹流畅、气韵不凡，是了解魏晋南北朝时期人物画难得的实物资料。

（边昕）

# 青瓷莲花尊

● 南朝
● 1972 年南京市江宁区麒麟门外灵山南朝墓出土
● 现藏南京市博物馆

莲花尊，同出土一对，通高 85 厘米，口径 21 厘米，底径 20.8 厘米，灰白胎，青釉，釉质光润，有冰裂纹。整体由盖和尊两部分组成。盖圆形，子母口，盖顶有方纽，整个器盖形似僧帽。尊为侈口，呈喇叭状，长颈，弧肩，椭圆形腹，高圈足，口沿下对称贴塑一对横系，肩部饰有六个桥形系。

莲花尊通体装饰风格迥异的莲纹：盖纽周围高浮雕两层丰润的莲瓣纹，盖沿塑有一周锯齿状变形莲纹；肩部向下饰有两层瘦长的双瓣覆莲纹，下缀一周菩提叶；腹的中部由一周向外翻卷似裙边的莲叶装饰，近底部是二周瘦长仰莲纹，胫部至圈足刻画覆莲两周。除莲纹外，莲花尊颀长的颈部以凸弦纹分隔为三层，分别装饰了飞天、力士、二龙戏珠及忍冬纹。整体装饰采用了刻画、浮雕、贴塑、模印等多种技法，营造出莲花尊高大端庄、华丽繁缛却不失灵动的整体风格，堪称六朝时期最大、最精美的青瓷器，有"青瓷之王"的美誉。

围绕着这对青瓷莲花尊，产生了一系列的诸如用途、墓主人的身份、烧造地点等问题，诸多的推测猜想也使器物披上了神秘的外衣。

莲花尊的纹饰上显示了浓郁的佛教色彩，莲花、忍冬、飞天、菩提等都是佛教艺术中常见的装饰纹样，带有独特的佛教寓意。莲花被奉为"佛门圣花"；忍冬在佛教中代表人的灵魂不灭、轮回永生；飞天则是佛教中的歌舞神和娱乐神。由此可见，这件器物虽然命名为"尊"，却不能简单地定义为酒器。结合南朝时期佛教盛行、佛寺林立，佛教被奉为"国教"的社会背景，莲花尊作为寺庙的供器也许更合乎情理。

这样大型器物的具体烧造产地，至今还是一个谜。有专家推测它不属于南方瓷系。因为灵山出土的这对莲花尊在纹饰、风格、胎土成分等方面和南方的瓷器都有所不同，却和河北景县出土的四件瓷器相似，仅在体型大小、纹饰繁简间略有差别。可能是因为南朝时的都城建康（今南京）是当时南方的政治经济文化中心，也是佛教的中心，这对重器才被千里迢迢地运送至这里。

关于墓主人的身份，也有多种推测。因资料缺失，灵山南朝墓具体墓葬信息不详。曾有学者推断为南朝陈文帝陈蒨的永宁陵，也有观点认为可能是陈代某一宗室王侯墓，并认为灵山地区是围绕陈文帝永宁陵所形成的一个陈代陵区。2008年，在距灵山南朝大墓千余米的灵山西北麓，发现了另一座大墓，该墓出土的墓志漫漶严重，有学者推测其墓主为南齐豫章文献王萧嶷次子萧子恪，他在南齐永明年间被授封为南康县候，入梁后降为子爵。另在2012年，在灵山的北面又发现了一座南朝大墓，墓志同样漫漶严重，但根据墓葬形制及出土器物，推断该墓主人也应为齐梁间的王侯。据此推断，灵山地区应该是南朝齐梁年间的王侯葬区。距离萧子恪墓仅千米的灵山大墓的墓主是否是齐梁宗亲，亟待进一步的研究。

（魏杨菁）

# 铜佛造像

● 南朝
● 2007 年南京市玄武区糖坊桥德基广场工地出土
● 现藏南京市博物馆

造像为青铜铸造，通高 11.3 厘米，残宽 5.8 厘米，衣摆至莲座部分残损。佛像立于莲座之上，头顶高髻，表面未刻画发纹，面相丰满，方额广颐，两耳长垂，眉若弯月，嘴角微带笑意。身着通肩大衣，衣摆下垂，右手施无畏印，其左手部分残缺，从其形状推测应为与愿印。身后背光呈舟形，其上浅刻火焰纹。佛像两侧各有一尊菩萨，头戴冠，双手合十，背光上方有三尊小佛像，坐于仰莲座上。佛像背面刻有"大通元年八月廿三日／超□□□造□□□"。大通元年（527 年）为梁武帝萧衍的年号。佛像形象自然，衣纹流畅，体积虽小，但雕刻精巧。

从中国的历代文献和考古资料发现均可得知，佛教在中国传播的历史始于东汉，南北朝时期是佛教在中国兴盛并迅速发展的时期，大量的佛寺在中国兴造，许多僧人来到中国传教，而铜佛造像也在这一时期流行起来，并形成了我国佛教造像的第一个高峰。铜造像现存的实例不多，国内外现存较著名的 5 尊都有纪年铭文。它们分别是：日本永青文库藏刘宋元嘉十四年（437 年）韩谦造铜镀金释迦牟尼佛坐像，高 29.2 厘米；中国台湾鸿禧美术馆藏梁太清二年（548 年）佛立像，高 12.5 厘米；美国菲利尔博物馆藏刘宋元嘉二十八年（451 年）刘园之造弥勒佛坐像，高 29 厘米；上海博物馆藏梁大同七年（541 年）释迦牟尼佛像；日本东京

铜佛造像背面

艺术大学美术馆藏陈太建元年（569 年）徐大智造观音菩萨立像，高 22.6 厘米。对这几尊造像，目前佛像研究专家在真伪上还存在不同的看法，但元嘉十四年（437 年）韩谦造像则是大家一致认同的南朝造像珍品，体现了南朝造像的风格特点。梁大通元年（527 年）造像为南朝时期铜造像的研究提供了新的资料。

北方地区由于朝代更迭频繁，多种文化相交碰撞，佛像造像的样式变化十分剧烈，考古发现也非常多。但在南方地区，这一情况却有所不同。南朝从 420 年刘裕代晋到 589 年陈亡，历经了宋、齐、梁、陈四个王朝。根据史料记载，这一百六七十年里统治者对佛教的崇奉和对建寺造像等修积功德事业之热衷，在南方地区是空前的，如宋孝武帝为京师瓦官寺

铸造 32 尊金铜佛像；梁武帝三次舍身同泰寺，大量建寺造像；陈宣帝在位 13 年造像达 2 万尊，并修治旧像 130 万尊。唐代诗人杜牧诗篇中描写南朝佛教中心建康（南京）的佛寺盛况有"南朝四百八十寺，多少楼台烟雨中"的名句，从中我们不难想见当时整个南方兴建的寺院和供奉的佛像之多。同时大量的佛教高僧来到南方译经传教，许多从北方南下的传法僧人，在南方形成了如释慧僧团一样影响很大的传法团体。东晋时产生了如戴逵父子一样精于雕塑佛像的雕塑家，佛教艺术发展呈欣欣向荣之势，至南朝梁武帝时达到鼎盛。因此，我们认为在南方应当也与北方一样出土众多的佛像造像。然而实际情况是，目前仅在四川地区发现了数十件南朝石佛像，内有几件带有年号。传世的还有上海博物馆藏的南朝中大同元年（546 年）慧影造佛坐像，此外尚有一两尊带有年号的金铜像藏于海外，其真伪还有待查证。石窟造像仅有南京栖霞山和浙江新安昌大佛，然而由于年代久远，风蚀过甚，多失当年风貌。因而，2007 年在南京新街口德基广场出土的这件南朝纪年铜佛造像其意义非常重大，它不但雕制精巧，更有纪年铭文，弥足珍贵。

（朱敏）

唐宋篇

# 镇墓俑

这组镇墓俑出土于南京市雨花台区后头山唐代"毛明府"墓，同时还出土许多相同质地的陶俑，主要包括出行仪仗类、家内侍役类和庭院禽畜类等。出行仪仗类由马、骆驼、骑俑、甲骑具装、伎乐俑、风帽俑、牛车、马车等组成。家内侍役类包括文官、侍女、老妪等。庭院禽畜类包括鸡、狗、猪、羊各一对，此外还有仓、碓、灶等生活物品模型。

● 唐
● 2016 年南京市雨花台区后头山唐墓出土
● 现藏南京市考古研究院

镇墓俑有两对四件，一对镇墓兽，一对武士俑。镇墓俑为低温釉陶，白胎，浅黄釉，胎为高岭土，烧制温度不高，质地疏松。

镇墓兽分人面和兽面，它们大小相同，姿态一致，身躯后蹲，前肢直立。兽面似狮，直视前方，头顶一道鬃毛，肩部刻画双翼；人面昂首挺胸，面部狰狞，头顶生一独角。二兽出土于墓室甬道，相向分立两侧，表情夸张，形容恐怖。

一对武士俑，均为站立姿态，高大粗壮，著头盔铠甲，双手作持物状，表情威严。这对武士俑也出土于墓室甬道口，次于镇墓兽，相向分立两侧。

该墓随葬陶俑类型丰富，组合有序，为南京地区首次发现。这批陶俑，无论形制特征还是质地都与中原地区唐初墓葬出土的一致，在全国范围内，也只流行于隋及唐初。这类釉陶质地明器是三彩器盛行之前的主流随葬品，但使用时间短，类陶似瓷的特征对于探讨三彩器及成熟白瓷的产生具有重要意义。

"毛明府"墓出土镇墓兽

该墓葬有砖刻"贞观十九年"明确纪年文字，这批陶俑也具有考古学断代标尺的意义。

　　以上述陶俑为主体的随葬品组合，是唐代高级墓葬墓主身份的反映。后头山唐墓随葬陶俑不仅数量多，而且组合完整，制作精美，可以佐证毛明府高级官员的身份。而毛明府墓葬的发现，不仅填补了南京地区唐墓考古的空白，还为重新认识六朝繁华之后，隋唐时期南京的历史地位提供了重要资料。

（陈大海）

# "南唐二陵" 玉哀册

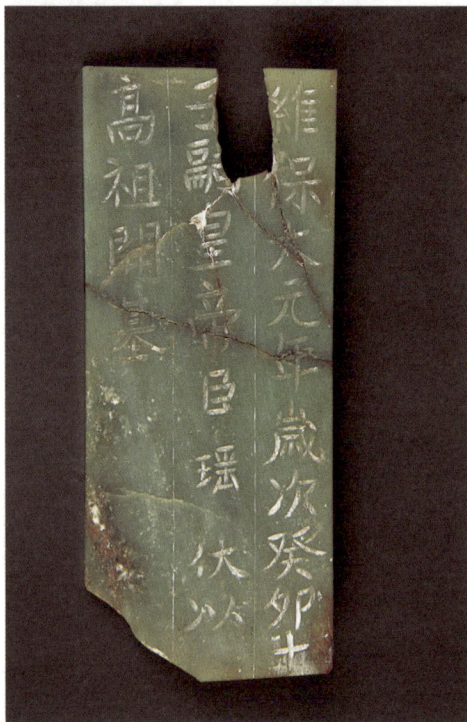

● 南唐
● 1950 年南京市江宁区祖堂山南唐二陵钦陵出土
● 现藏南京博物院

　　李昇墓位于南京市江宁区祖堂山西南，与其子李璟墓毗邻，合称"南唐二陵"，是五代十国时期建都金陵、偏安江南一隅的南唐皇陵。1950 年由于墓中文物被盗流向市场，被盗陵墓遂被发现，随即南京博物院和南京市文管会等有关部门对其进行发掘，玉哀册方能重见天日。

　　哀册亦作"哀策"，是古代册书文体之一，即将哀悼死者的祭文刻或书于玉石木竹之上。行葬礼时由太史令读后埋于陵中，是举行"遣奠"时所读的最后一篇祭文。哀册的使用范围、制作材质、规格、编缀、置放、文体等都有相关规定，级别很高的一般用于帝王、太子、皇后等，体现了严格的等级观念。与之相近的有谥册，也是放置于陵中，是在"通奠"前一日在南郊请谥号时所读的册文。

　　出土时成片的玉哀册有 23 片，其中比较完整的 11 片，残缺的 12 片，还有边缘残块 5 片。该墓早期被盗掘多次，出土时玉哀册已经遭到损坏，位置和次序已被扰乱。大多散乱于墓葬后室东面偏南侧室的砖台上下，并黏附着漆皮淤土。

　　正是由于玉哀册的发现，才得以最终确定墓葬的年代和墓主身份：

南唐烈祖李昇和中祖李璟。南唐开国君主李昇逝于 943 年 2 月，11 月入葬钦陵，庙号"烈祖"。4 年后皇后宋氏葬入。20 年后中宗李璟葬入钦陵以西的顺陵，庙号"元宗"（962 年）。据马令《南唐书》，治李昇山陵事的为江交蔚，议礼者则为韩熙载。

玉哀册由硬度颇大的浅绿色或白色的玉制成。大多数正面都刻有三行楷书文字，少数几片仅刻一行，也有不刻的。字内填金，背面则一般刻有编号。每片哀册的大小相等，都是长 16 厘米、宽 7 厘米、厚 0.2—0.3 厘米。

发掘者认为此次发掘的 23 片玉哀册应该分属于两部哀册。推断此函哀册原数为 42 片，上下排各为 20 片，刻着册文，最前还有两片，刻着某某皇帝哀册或谥册的一行字。它将哀册文和谥册文合二为一，也有学者认为它仅为哀册。

出土的哀册除了能确定墓主身份外，同时也解决了一些历史困惑，比如李昇陵的名称问题和李璟的名字问题。

在第二函的一片哀册上，有"钦陵礼也"四字。钦陵是李昇和宋氏合葬的陵名。但在《南唐书》和《十国春秋》中均被称为"永陵"。发掘者认为李昇陵本名钦陵，到李璟交泰元年（958 年）臣服于后周，后周开国皇帝郭威的父亲郭简的陵也叫作"钦陵"，而南唐已向后周称臣，故而改名为"永陵"。

在哀册中将李璟称作"嗣皇帝臣瑶"，这与《新五代史·南唐世家》《南唐书》《十国春秋》等书中"初名景通，既立，改名璟"的记载不相符合。发掘者认为李璟原名景通，即位时改为瑶。后取"瑶"字的"玉"字偏旁再加上原来的"景"字，就成为"璟"字。他后来臣服于后周，后周皇帝郭威的高祖父名璟，遂去掉玉字旁，改为景。《五代史》《新五代史》皆以后周为正统，所以称中主的名为景。后来马令和陆游先后作《南唐书》，仍用"璟"旧名。

（王妮）

# 人首蛇身俑

● 南唐
● 1950 年南京市江宁区祖堂山南唐二陵出土
● 现藏南京博物院

　　南唐二陵共出土 4 件人首蛇身俑，其中 2 件出自李昪墓后室，2 件出自李璟墓前室。完整的只有李昪墓出土的 1 件，另 1 件仅有人首和蛇身，李璟墓出土的 2 件都仅剩 1 个人首和短截的蛇身。完整的俑长 45.3 厘米，俑上两个人首为光头，人面同墓中出土其他俑相似，颈下有蛇鳞，蛇身缠绕在一起。

　　南唐二陵为南唐开国皇帝李昪和中主李璟的陵墓，两者相隔 50 米。由于被盗，两墓于 1950 年被南京博物院及南京市文管会抢救性发掘。陵墓虽然被盗，但仍出土了较多数量的随葬品，其中俑类包括 190 件男女陶俑，一部分陶制动物俑及人首动物身俑。人首动物身俑主要为人首蛇身俑、人首龙身俑、人首鱼身俑。李昪陵的俑类呈灰色，李璟陵的俑类呈黄色。

　　我国唐宋墓葬出土人首蛇身俑较多，可分为单人首蛇身俑和双人首蛇身俑。

人首蛇身俑在隋炀帝萧后墓中已出现，为陶双人首蛇身俑，人首头戴风帽，双目垂闭，两首相背，两颈相交使蛇体呈圈状竖立。辽宁朝阳唐咸亨四年（673年）左才墓出土有单人首蛇身俑、双人首蛇身俑。山西长治唐代王琛墓出土双人首蛇（龙）身俑，头顶独角，尖耳外伸，双足伏于地。巩义唐墓出土绘彩人首蛇身交尾俑，正反两侧各塑一男一女，头发茂密，二人均为人首蛇身，兽足前伸，利爪蜷曲，作匍匐状。

晚唐五代之后，人首蛇身俑在北方地区消失，主要出现在南方地区，如南唐二陵、福建闽侯宋墓、四川宜宾屏山县宋墓等。

人首蛇身俑头部放大

人首蛇身俑的代表含义目前还存在多种说法。自古以来，蛇就与人有着紧密联系。很早以前蛇便是原始居民崇拜的图腾。夏商时彩陶和青铜器上就有蛇的装饰纹样。而且这种崇拜一直延续，福建五代随葬俑中就出土了多种蛇俑，有双首蛇身俑、人首蛇身俑、绳形蛇俑等，这与福建地区的崇蛇信仰有很大的关系。

中国古代传说的华夏始祖伏羲、女娲形象也为人首蛇身。在汉代画像石和画像砖上出现较多，在发饰和衣服上表现不同，伏羲头戴冠帻，女娲头梳髻鬟。身体紧紧交缠在一起。发掘者认为南唐二陵出土的双人首蛇身像可能代表伏羲女娲，单人首蛇身俑可能代表《山海经》中的山神。而根据《山海经·北山经》记载"自单狐之山至于堤山，……其神皆人面蛇身"。《山海经·海外西经》"轩辕之国，在此穷山之际，其不寿者八百岁，在女子国北，人首蛇身，尾交首上"。同出土的人首龙身俑与其记载的雷神相似，人首鱼身俑与其记载的海神相似，共同保护着墓主人。

此外，根据一些道教典籍，有人认为人首蛇身、人首龙身形状的明器指的是道教太极雷坛四维神中的东北神"洞阳幽灵"、西南之神"火光流精"。

还有学者认为南唐二陵出土的双人首龙身俑为《大汉原陵秘葬经》所记自天子至庶人墓的"墓龙"。广东海康元墓曾出土过若干有题名的阴线刻砖，其中一件为双人首龙身形象，旁有题铭"地轴"，另一件双人首蛇（龙）身形象，旁刻铭"勾陈"，学者认为李璟墓出土的与"勾陈"相似，可能是《大汉原陵秘葬经》所记的"墓龙"。

南唐二陵墓中的人首蛇身俑，不论单人首还是双人首，造型都非常独特，形制承上启下，又具有明显的时代特征，对于研究南唐葬制和丧葬文化具有重要意义。

（王妮）

# 七宝阿育王塔

● 北宋
● 2008 年南京市秦淮区大报恩寺遗址北宋大中祥符四年（1011 年）金陵长干寺地宫出土
● 现藏南京市博物馆

塔为单层方形，由下部塔座和上部塔盖两部分组成，通高 1.17 米，最大边长（塔座底板）0.45 米。内部以檀香木制作骨架，表面为银皮，通体鎏金，塔体上凿有圆孔以镶嵌宝石。经初步鉴定，所镶宝石的种类有水晶、玻璃、玛瑙、青金石等。

塔盖、塔座以子母口相合，盖向上提起打开，塔座内部中空，盛放供养物品。塔盖顶部中心矗立塔刹，刹柱根部套有两个圆环，从下向上设五层相轮，逐层内收，顶部为火焰珠和葫芦形宝瓶。

塔盖顶部四角设四座山花蕉叶，横剖面为三角形，内部中空，同样放置供养物品。山花蕉叶与塔刹之间以链条相连，链下悬挂风铃。塔体表面以锤鍱法浮雕出复杂多样的佛教纹饰与图案。相轮上饰忍冬和联珠纹；塔刹根部圆环上饰金刚杵和天王像；山花蕉叶四个内侧面上，两面各饰一立佛、两供养菩萨，另两面各饰一坐佛、两护法天王；山花蕉叶八个外侧面之上共有 19 幅画面，分别浮雕了梦感白象、胁下降生、步步生莲、双龙灌顶、比武掷象、断发出家、仙人献草、连河洗污、牧女献糜、法轮初转、示寂涅槃等佛传故事；塔盖和塔座底部四周皆饰佛像；塔座腹部四角饰大鹏金翅鸟，四面分别浮雕"萨埵太子饲虎""大光明王施首""尸毗王救鸽命""须大挐王"四幅大型本生变相。

塔身上下还发现 20 条 300 余字的铭文。塔盖底部四面分别锤揲"皇帝万岁""重臣千秋""天下民安""风调雨顺"四字吉语；塔刹根部、山花蕉叶内侧、塔盖底部四周、塔座变相下部等处皆有錾刻铭文。从铭文可知，七宝阿育王塔铸造于北宋真宗大中祥符四年（1011 年）。塔出土时，以丝绸包裹，置于铁函中，并将密封的铁函放置于地宫中已建好的石函，覆上石盖，封土完成。

塔中瘗藏大量信徒供品和佛教圣物。供品多以包裹的形式出现，内含金、银、铜、水晶、琉璃、丝织等诸多质地的佛教用品。尤为重要的是，在许多的包裹丝绸上均墨书有供养人名字及供养器物，对于北宋时期丝织品、名物等研究具有重要意义。佛教圣物为舍利，此塔共瘗藏了三种舍利：感应舍利 10 颗、佛顶真骨和多份诸圣舍利。考古发掘完全证实了碑刻的记载。这些佛教圣物的问世，是佛教界千载难逢的一次盛事。

长干寺七宝阿育王塔是已知出土的带有准确自名的最早的阿育王塔实物，也是目前从地宫出土的体量最大的阿育王塔，更是目前发现制作最精、工艺最为复杂的阿育王塔。打造这座七宝阿育王塔涉及木作、金银作和珠宝加工等多个手工业领域，仅就其金属表面的加工而言，就需要综合运用鎏金、锤牒、镂孔、錾刻、镶嵌等多种工艺，堪称北宋手工制造的集大成之作。而且该塔打造得极为精良，每处花纹、每座佛像、每幅画面皆表现得细致入微，栩栩如生，是不可多得的佛教艺术珍品。同时，该塔也是目前发现的铭文最多、最具史料价值的阿育王塔。这些铭文真实记录了大中祥符年间金陵长干寺建塔建寺、瘗藏舍利的重要过程以及诸多细节，对于研究北宋金陵长干寺兴造史、宋代佛教与社会的关系、北宋手工业发展等诸多课题提供了极为珍贵的第一手资料。

（周保华）

# 官窑青釉冰裂纹瓷盘

- 南宋
- 1970 年南京市下关区（今鼓楼区）张家洼明洪武四年（1371 年）汪兴祖墓出土
- 现藏南京市博物馆

　　这件瓷盘为瓷质，灰胎，釉色青灰，光润如玉，釉面呈冰裂状纹片，紫口铁足，葵瓣形口，口略外侈，浅腹，折腰，矮圈足。圈足内有六个支烧钉痕迹。

　　这件器物出土于南京张家洼明初墓葬中，据墓志志盖篆书"故荣禄大夫、同知大都督府事，赠开国辅运推诚宣力武臣、荣禄大夫、柱国、东胜侯、食禄一千五百石汪公墓"可知，该墓墓主为明初开国功臣汪兴祖。

　　据出土墓志及《明史》等文献记载，汪兴祖是安徽巢县人，生于元至元四年（1338 年），少时为朱元璋部将张德胜养子，改姓张，后又复姓汪。其养父张德胜随朱元璋渡江南后，在与陈友谅的一场战斗中战死，之后，汪兴祖继承父职，追随朱元璋南征北战十余年，在推翻元朝和建立大明王朝的过程中，立下很多战功，在民间传说中，汪兴祖曾做过朱元璋的贴身侍卫，号称"宝枪大将"。明洪武四年（1371年），汪兴祖逝世，朱元璋对他的辞世心痛不已。

汪兴祖墓中除了这件官窑盘外，还出土了元青花高足碗、镶金托云龙纹玉带板等大批精美随葬品。如此多高等级的随葬品，多应来自于明太祖朱元璋的赏赐。

宋代官窑，分北宋官窑、南宋官窑。北宋官窑相传于大观、政和年间由官府在汴京设立，至今仍未被发现，面貌不甚清楚。南宋官窑是宋室南渡，定都临安后，为满足宫廷祭祀、赏赐等功用，在临安设立的瓷窑。经考古发掘，发现郊坛下和修内司两座南宋官窑。南宋官窑器形有生活用器，如碗、盏、杯、盘、钵等，还有大量仿青铜器的陈设用器，如瓶、炉、尊等。有关南宋官窑的特征，历史上不乏文献记载。曹昭《格古要论》下卷《古窑器论》："宋修内司烧者土脉细润，色青带粉红，浓淡不一，有蟹爪纹，紫口铁足……"其中"蟹爪纹""紫口铁足"充分概括了南宋官窑早期青瓷的特征。

汪兴祖墓中出土的这件官窑瓷盘的特征恰如文献所述。这种釉面裂纹是因为胎釉各自冷热膨胀系数的不同造成的，而热膨胀系数主要是由胎釉的化学组成决定，此外窑温的高低也对其有一定影响。"紫口铁足"是由青瓷胎料中的发色剂氧化铁所致。南宋官窑釉面普遍存在这种裂纹，这本是制瓷工艺中的缺陷，却成为南宋官窑的一种标志性特征。到了南宋晚期，南宋官窑不断探索，采用多次施釉、多次烧成的工艺技术，终于烧制出了釉面如玉般质感的青瓷。

南京出土的这件官窑瓷盘，从造型、釉面裂纹等特征来看，是南宋官窑瓷器的典型代表作品。古代陶瓷生产中，器物釉面的开片并不少见。然而，南宋官窑将这种"缺陷"发挥至极致，造就出特有的"鱼子纹"纹理。这件南宋官窑青釉冰裂纹瓷盘将艺术美感凸显的淋漓尽致，是古代青瓷史上的巅峰之作。

（苏舒）

# 月影梅纹银盘

● 南宋
● 1971 年南京市浦口区江浦黄悦岭南宋庆元元年（1195 年）张同之墓出土
● 现藏南京市博物馆

　　梅花纹银盘呈五曲形，口内敛，平底。盘底刻出浅水波纹作为底纹，其上錾刻出一只横斜水边的梅花枝丫，枝丫外留白处以明月和云朵点缀。银盘所饰纹样又被雅称作"梅梢月"。盘高 1.9 厘米，口径 14.6 厘米。与该件盘一同出土的还有一件梅花纹扣金银盏，银盏口镶金扣，平面呈五瓣梅花形，敞口，曲腹，圜底。盏内底心压印一朵梅花，五曲内壁分别錾刻折枝梅花。盏高 3.9 厘米，口径 9.5 厘米。由于此副盘盏中的盏为圜底，无足，故银盘内不设浅台。银盏内錾刻折枝花卉，为两宋时期器物中常见的装饰风格。这种组合是宋元时期流行的象生花式造型，盏和盘均以梅花为式。

　　这件器物出土于南京江浦一座南宋墓中，据出土墓志，该墓是南宋

梅花纹银盏

文人张同之夫妇。张同之系唐代诗人张籍之后，南宋词人张孝祥之子。与他同穴合葬的为章氏，为南宋文学家叶梦得的外孙女。与这件器物同出土的还有大量文房用品，从中可瞥见南宋文人雅士的高雅情趣。

这种梅花造型的金银器在宋代比较常见，同类似的器物还见于福建邵武故县窖藏中出土的一组银鎏金盘盏。除了取梅花造型外，宋人经常取用的象生花还有菊花、莲花、芙蓉、水仙等。据扬之水先生考证，张同之夫妇墓中出土的这些金银器应均为饮酒器。酒事往往与花事相连，酒具的造型、纹饰取意于花卉自然也在情理之中。宋元时期，金银酒器适用范围较唐代时期更为普遍，尤其是银酒器，此期在普通市民阶层中开始大量流行起来，街头巷尾的酒铺中多可见此类银酒器。

这套银盘、银盏充分体现了宋代金银器的制作风格，造型玲珑奇巧、纹饰素雅；制作工艺多运用锤鍱、錾刻、镂雕、铸造等手法。同时这件器物还体现了宋人的审美情趣，宋人爱花，并充分融入进社会生活的方方面面，从统治者到寻常百姓，均受这种风尚的影响。这套银盏、盘取梅花之式，正是这种时代风俗的体现。

张同之夫妇墓出土的这两件器物，在南京宋墓中十分罕见，是宋代金银器中的上品佳作。

（苏舒）

# 纱衣

- 南宋
- 2003 年南京市高淳区花山南宋墓出土
- 现藏南京市博物馆

　　这件纱衣出土于南京高淳花山宋墓中。2003 年 9 月，南京高淳县花山乡在道路施工中，于茅庵山南麓，距高淳县城约 12 公里处发现了一座南宋砖室墓，南京市博物馆、高淳县文保所相关人员即刻对该墓进行了抢救性考古发掘。

　　该墓为长方形砖室墓，墓室后部置长方形黑漆木棺，墓主是一位女性，衣物全部都装在包袱里，放在棺材的底部。由于墓葬和棺材的密闭性较好，所以棺内尸体和陪葬的衣物均保存完好。出土了共计 52 件（套）丝绸服装，保存状况基本完好，是目前南京宋墓出土丝织品最多、保存最好的一次发现，对研究宋代服饰品种、质地、图案和制造工艺等具有十分重要的参考价值。

出土衣物质地有罗、绢、纱、丝，且品种多样。服装纹饰多样，以各类花卉纹为主。花纹风格崇尚写实，构图匀称，花朵摇曳，活泼生动，具有典型的宋代特征。

这件直领纱衣，对襟，窄袖，两侧开叉，仅重 31 克。纱衣质地轻薄，具有可散热、透气的特征，最适宜夏天穿着。此纱衣设计极为简洁，却又不失精致，纱衣领边露出了行针线痕迹，说明原来应有一条细绳边，现已脱落。这也正好体现宋代在经历了唐宋间的大变革后，在理学思想的影响下，宋人逐步崇尚淡雅简约，然而简约中又不乏精致，与唐代服装雍容华贵的风格相去甚远。

近年来全国各地的考古发现中，有不少宋代墓葬出土了精美的丝绸织品。然而，南京地区出土如此多种类、且保存如此完整的丝绸服饰尚属首次。国内其他地区出土的服饰能与之相媲美者屈指可数。花山宋墓出土的服饰为研究宋代女性服饰制度及丝织品手工业的发展具有重大的意义。

（苏舒）

# 缠枝牡丹纹玉梳

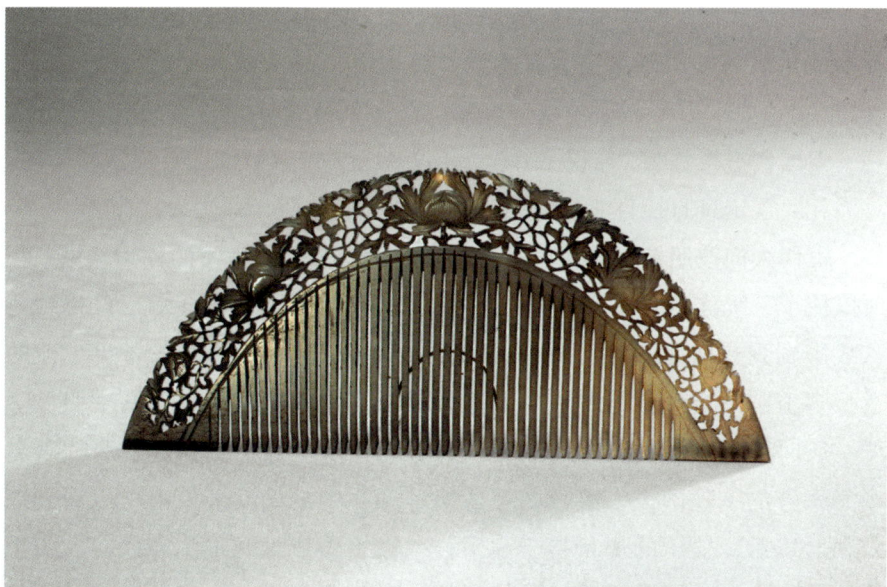

● 南宋
● 2004 年南京江宁区建中南宋绍兴二十五年（1155 年）墓出土
● 现藏南京市博物馆

　　玉梳以和田玉制成，成对出土。整体呈薄片状，长 13.7 厘米，宽 5.1 厘米，厚 0.3 厘米。梳子呈半月形，大小与成年人手掌差不多。梳齿制作规整，在仅 1 厘米宽的梳背上采用透雕工艺细致地琢出三朵盛开的牡丹和两朵花苞，其间辅以缠枝叶，构图疏朗雅致。镂空最细的地方，只有 2—3 毫米，显示出工匠高超的琢玉技巧。这对南宋牡丹纹玉梳，是宋代玉梳典型的形制，也是南京地区迄今发现的保存最完好、雕刻最精美的玉梳，代表了南宋时期的琢玉水平，为研究我国宋代玉器制作工艺及发展史提供了重要的实物资料。

　　玉梳所出土的墓葬位于南京市江宁区江宁镇建中村，系于 2004 年在建筑施工中偶然发现。该墓葬由封土、墓坑和墓室等构成，砖石结构。

墓葬平面呈"吕"字形，东西并列两个墓室。墓壁由三重砖石构成，外用一层三合土浇浆密封。墓底中部用长方形青砖平铺，四周用制作规整的长方形石板铺地，部分墓砖上印有"大宋绍兴二十五年四月八日"等多种铭文。整个墓葬形制较大，是一处等级较高的宋代墓葬。

墓中出土了大量的随葬品，包括玉器、水晶、玛瑙、玻璃等，其中玉器数量最多。西侧墓室存有木棺，棺内有一具人骨，经鉴定为一老年女性。

中国自古被称为"礼仪之邦"，礼仪观念在仪容服饰上有强烈的体现。《周礼》规定日日梳理头发，每三天必须洗头沐浴，称之为"栉沐"。

古代人们按照梳齿的密度把齿松的称为"栉"，齿密的称为"篦"，所以梳子又统称为"梳篦"或"栉"。早在四千年前，梳子就已经出现。从战国到魏晋南北朝，梳的材料以竹木为主，尤以木料最为常见。梳的造型多上圆下方形似马蹄。隋唐五代的梳子，多做成梯形，高度明显降低。唐时，妇女头上流行插梳之风，且梳篦常不止一把，这从唐代著名画家张萱的《虢国夫人游春图》《捣练图》中的妇女形象上可以看到。宋朝及以后，梳子的形状趋于扁平，一般多做成半月形。宋代时，头上插梳风气愈加流行，材质越用越奢侈，雕刻更加精美，逐渐形成了奢华的社会风气。"香喷瑞兽金三尺，人插云梳玉一弯"，这是宋代词人辛弃疾在《鹧鸪天》中对妇女插梳形象的细腻描写。好像一轮弯月的玉梳，不仅是实用与美观结合的艺术品，也是中国古人所追求美的精神的体现。元以后，梳子日渐归于实用。

这对梳子的材质为玉。《说文解字》："玉，石之美（者），有五德，润泽以温，仁之方也"。古仁人君子将玉推崇为立世之标准、为人之楷模。玉文化，是中华文化很重要的标志，这对玉梳对研究当时人们的思想观念和社会生活有重要意义。

（周保华）

# 金帔坠

- 南宋
- 2013 年南京市江宁区江宁街道原江宁镇粮管所宋墓出土
- 现藏南京市博物馆

　　金帔坠为椭圆形水滴状，由两块金片打作、拼合而成，两面纹饰相同，边缘薄，中心纹饰凸起。尖部有一细小穿孔。纹饰的边缘多有凸出的颗粒。主体纹饰为一对凤鸟，张喙，展翅，一腿抬起，三足，身体其他部位錾刻有细小的羽毛。凤鸟上下各有一结，飘垂的丝带将凤鸟和边缘连接为一个整体。长 8.1 厘米，宽 6.2 厘米，最厚处 0.6 厘米。

　　此墓由南京市考古研究所和江宁区博物馆于 2013 年发掘。墓葬为长方形竖穴土坑砖石结构并列双室墓，方向 85°。砖室墙基为一层条石，顶部也由多块条石平铺而成。二室结构相似，平面为长方形，南室大于北室。因墓葬遭受盗掘，墓葬出土的随葬遗物很少，仅发现墓室四角摆放的铁牛和若干铜钱。金帔坠出土于北室西部，应为棺内随葬品。

　　这座墓与该地区发现的清修、建中宋墓形制结构极为相似。虽然惨遭盗掘，墓葬大量信息缺失，但随葬的双凤纹金帔坠制作精美，象征着墓主人高贵的身份，此墓可能为秦氏家族一对夫妻合葬墓。

　　这枚金帔坠展现出宋代高超的金器制作工艺，也可管窥宋代贵族妇女考究的服饰制作。

（陈大海）

# 哥窑青釉冰裂纹瓷盘

● 宋代
● 20 世纪 50 年代征集
● 现藏南京市博物馆

这件瓷盘为灰青胎，青灰釉，釉面呈冰裂状纹片，高 2.2 厘米，口径 15.2 厘米，底径 5.2 厘米。口沿施薄釉，底足无釉，呈紫色。八棱葵瓣形口，口稍外侈。折沿，斜壁，矮圈足。

哥窑被誉为宋代五大名窑之一，但宋代文献未见记载，多见于明清两代的文献，最早出现在明初曹昭的《格古要论》："旧哥哥窑出色青，浓淡不一，亦有铁足紫口，色好者类董窑。今亦少有成群队者。是元末新烧土脉粗燥，色亦不好。"《坚瓠集》引明代陆深的《春风堂随笔》对哥窑的产地及产品特征有过具体描述："宋处州章氏兄弟，长曰生一，次曰生二，主龙泉之琉田窑。生二所陶青器纯粹如美玉，为世所贵，即官窑之类。生一所陶者浅百断纹，号百圾碎，名哥窑。"《浙江通志》《七修类稿续篇》等文献亦有对哥窑的记载。

总的来说，哥窑的基本概念在明嘉靖年间形成并为清代沿用。据目前最新考古成果显示，研究人员通过发掘浙江龙泉瓦窑垟、大窑等窑址，发现这些窑址出土的黑胎青瓷标本釉色灰青、胎色较深，与文献记载的哥窑特征"黑胎，紫口铁足，胎骨厚薄不一，釉色粉青为上，青色深浅不一，开片纹主要是浅白断纹"相吻合，认为古代文献中的"哥窑"在浙江龙泉。

目前在故宫博物院、上海博物馆、台北故宫博物院等大型博物馆所藏的哥窑则是一个完全不同的概念。20世纪30年代，民国政府在接收清宫遗存的文物时，发现了一批前所未见且缺乏产地、烧造时间等信息记录的瓷器，后以"传世哥窑"称之。这类瓷器，釉色多呈米黄色，釉色浅，开片有着"金丝铁线"的特征。但是，目前传世哥窑仍是陶瓷史中的一个谜团，它的窑址在哪里？性质如何？目前尚未有准确判断，还待进一步研究。研究者据目前纪年墓中出土的传世哥窑型器物，并辅助以科技检测手段，认为目前所见到的这类传世哥窑瓷器主要是宋代以后的器物。

这件哥窑与故宫博物院等博物馆所藏的传世哥窑特征相近，与浙江龙泉发现的黑胎青瓷特征相去甚远，应属于传世哥窑。目前传世哥窑数量十分稀少，因此南京市博物馆藏的这件哥窑盘愈显珍贵。

（苏舒）

# 定窑扣银白釉印花瓷碗

● 宋代
● 1971 年南京市浦口区江浦黄悦岭南宋庆元元年（1195 年）张同之墓出土
● 现藏南京市博物馆

这件瓷碗为灰白胎，胎质轻薄，釉色匀净。高 6.5 厘米，口径 16.5 厘米，底径 5.8 厘米。芒口，陡壁，圈足，近口沿处模印云雷纹，内壁为鸳鸯、莲花、荷叶、水波纹，碗内底心饰两条鲜活灵动的鱼。碗内壁刻画的水波纹极具动感，水面上莲花荷叶随风摇曳，两队鸳鸯引颈相望，嬉戏其间，整幅画面生动活泼，充满生活情趣。

定窑是我国北宋至金代北方地区影响最大的窑场，产品以白瓷为主，同时也烧制黑瓷、绿釉瓷等。定窑遗址位于今河北省曲阳县，该县在唐至北宋时隶属定州，故该窑场称"定窑"。明清时期，文人士大夫将其与钧、汝、官、哥并称为宋代"五大名窑"。

定瓷以白瓷为主，产品造型规整，胎质洁白，釉色温润，装饰手法以刻、划、印花、描金花等技法为主。其中印花工艺最受人称道。印花装饰出现在北宋中期，成熟于晚期，流行于金代。印花工艺是指用刻有花纹的模具在尚未晾干的坯件上印出花纹，之后再上釉入窑烧制。印花题材以花卉纹居多，此外还有云龙纹、水波纹、婴戏纹等。

定窑印花瓷具有构图严谨、纹样清晰、画面清新淡雅等特点。这件定瓷内壁所饰纹样正是由印花工艺装饰而成。这件碗的口沿一圈无釉，形成"毛边"，俗称"芒口"。北宋时期，定窑窑工为了适应大量生产的需求，发明出了先进的覆烧工艺：将碗、盘等器物在入窑烧制前，刮去口沿的一圈釉，再层层相叠放在匣钵中烧制。虽口沿一圈不施釉，但这并不代表制作工艺可以略微粗糙。芒口的宽度往往与器物的大小成比例，且芒口的形状追求自然，对陶工的刀工水平也有较高的技术要求。覆烧法是定窑北宋时期的一大发明，后来为其他窑口所借鉴。这种装烧法大大提高了产量，但是烧制出的瓷器口沿均无釉，为了弥补这一缺陷及其带来的使用不便，后以金、银片打磨成薄片包裹口沿，形成"金扣""银扣""铜扣"，不仅方便使用，同时也提升了瓷器的品质和档次。

这件器物出土于南京江浦一座南宋墓中，据出土墓志，该墓是南宋文人张同之夫妇，张同之系唐代诗人张籍之后，南宋词人张孝祥之子。与他同穴合葬的为章氏，为南宋文学家叶梦得的外孙女。

随葬此类器物的墓葬大多等级较高。同类型的定窑白瓷在南京还见于南宋名将张俊之弟张保之墓等墓葬。

（苏舒）

# 吉州窑满天星瓷瓶

瓶通高 28.5 厘米，口径 7.1 厘米，底径 10.6 厘米。口沿较厚，平唇外折，颈部粗短，肩部微丰，长圆腹，颈部内收，浅圈足。胎色为浅灰，通体施黑釉，釉层薄而匀净，釉色无浮光。器身采用点彩装饰，在黑釉地上规整地排列着白色星点纹，色泽无晕散，黑白分明，宛若夜空下闪烁着繁星点点，静谧悠远，传递着神秘的气息。

吉州窑位于江西省吉安市，是一座始烧于晚唐、发展于北宋、极盛于南宋的江南地区著名民间瓷窑。它主要生产一种质地比较粗糙的民间生活用瓷，数量大，品种多，简朴实用，

● 宋代
● 2010 年南京市雨花台区石子岗 A1 地块出土
● 现藏南京市博物馆

装饰活泼，具有浓郁的民间气息。黑釉瓷为吉州窑的典型代表产品，相对于同时期烧制黑釉瓷的福建建窑和北方诸窑来说，吉州窑黑釉瓷的釉层较薄，极少有流釉现象，光泽更显柔和。

宋代时彩绘艺术已为我国南北瓷窑普遍采用，然吉州窑以其清新、简练的彩绘纹样，生动活泼的用笔，细腻而朴素的风格，形成自己独特的流派，在官窑林立的当时稳稳占据一方之地，并因其不受官窑的束缚，发展

较快，与北方的磁州窑同时并举，媲美争艳。虽在瓷器的烧造过程中有随意的一面，如施釉不很规则，胎脚和圈足往往露出胎骨，露胎处可见修胎时不工整的刀印痕迹，显示出生硬的棱角等，却依然无法掩盖其自然朴拙、生动有趣的整体风格。将装饰艺术发挥得淋漓尽致的吉州窑工匠们不因循守旧，墨守成规，创造出"木叶天目""剪纸贴花"等别具匠心、独一无二的名贵产品。吉州窑彩绘瓷的装饰纹样虽不像元代青花瓷的纹样成熟与稳定，但已有了一个初具规模的图谱，其饱满匀称的构图及多样性的装饰为后世的青花、釉里红瓷的纹样奠定了一定的基础。

从目前存世的宋代吉州窑产品看，大多器型较小且圆器多、琢器少。其多样的装饰也主要用于碗、盏类的器物上。这件布满星点纹的黑釉瓷瓶器型高大，图案规整。它虽无精美华丽的雕饰，艳彩浓抹的图案，却活泼与雅致并存，饱满而又不失流畅，想来只有是在继承了北方磁州窑的优良传统的基础上，又汲取了南方工匠的经验，糅合秀丽工致的风格，才烧造出这样优秀的作品，实为吉州窑瓷器中的难得的精髓。它不仅是吉州窑产品中罕见的珍品，也是古瓷中不可多得的瑰宝。

（魏杨菁）

元明清篇

# 蟠螭纹玉带饰

● 元
● 1988 年南京市溧水区南郊元代至顺二年（1331 年）墓出土
● 现藏南京市博物馆

  带饰通长 7.6 厘米，宽 6.2 厘米，由整块椭圆形的青白玉套雕而成，雕琢时从中间钻出一个直径为 1.8 厘米的圆孔，从侧面将玉剖成子扣与母扣，以扣环相连，开合自如，张开时形状犹如"8"字。

  带扣正面用高浮雕的手法琢一大一小两只盘螭，均首尾衔接依中心圆孔盘绕，细长灵动。两螭螭首相对，显得和谐而亲昵，即是所谓的"母子螭"。

  母螭口中衔一朵灵芝，螭首略呈圆形，内卷云式耳，额部宽而高，眉、眼、鼻、口各部位则集中在面部的前端，占据的面积仅有面部的 1/3。水滴形眼，直鼻连眉，向上作勾云纹。颈项低下，脑后有飘拂的毛发，圆身耸肩，整个姿态似爬行，前腿弯势柔软，后腿一屈一伸，后伸之腿矫健有力。从两肩中部至臀部琢有一道长阴线代表脊柱，在阴线两侧又分别刻出等距离的每两条为一组的短阴线以示脊骨。小腿上以细密的阴刻线表示茸毛，四肢的关节处饰有卷云纹，长尾分成两股，向左右伸展，端部内弯呈卷云状。子螭形态刻画同于母螭，只是面部较为简单，不刻眉，两螭形象均显得得灵活矫健，富有动感。

螭是中国古代神话传说中一种与龙有关联的神兽，因其造型多呈盘曲蜿蜒或攀缘匍匐状，故称"蟠螭纹"，又因其面相似虎，故又被称作"螭虎"。螭纹最早是陶器及青铜器的装饰纹样，目前可考的资料显示，仰韶文化出土的彩陶壶上所绘的蛇形螭纹，是较早的实物资料。用螭纹装饰玉器，大约出现在春秋末、战国早期，距今已有两千年的历史了。艺术风格也因时代变迁而不断变化，经历了战国时的简约、汉代的灵动精美、魏晋时的呆板、唐宋的瑰丽与动感，元明时，因为大量融入的北方游牧民族文化，螭纹又呈现出粗犷简略、奔放不羁的特点。这只神兽时而活跃时而蛰伏，时而精美时而豪放，从远古到明清，一直与中国玉文化的发展息息相关，在中国玉雕传统图纹装饰艺术中占据着重要的地位。

西汉时，由于玉带钩的广泛使用，蟠螭纹随之成为玉带钩的主要装饰纹饰之一。玉带钩最早出现在新时期时代的良渚文化中，西汉时期为发展的鼎盛期，汉以后至宋的几百年间，由于服饰的变化，带钩极少使用。及至元代，具有北方民族特色的带钩再度流行，形制主要继承了战国、汉代的传统造型，并出现了一些新的样式，如这件蟠螭纹玉带饰，一些著述中将此类形制的器物称为"扣形钩"，它的基本形状可能是模仿东周时的方牌形带钩。一般的扣形钩，或在背面有扣隼，或以钩环相连，而这件器物通身未见可用来固定束带的钮、环或穿孔，推测只是一件佩饰。

蟠螭纹玉带饰出土于元代墓葬中。墓主人姓杨，名字部分残缺，仅见一"元"字，溧水人，生于元至元十三年（1276年），卒于元至顺二年（1331年）。明确的纪年为这件雕琢精美、风格朴拙的古玉器，提供了准确的时间依据。

（魏杨菁）

# 卧兽纹绫大袖袍

● 元
● 2015 年征集
● 现藏江宁织造博物馆

此件袖袍身长 143 厘米，两袖通长 187.5 厘米，袖口宽 17 厘米，下摆宽 110 厘米。交领，右衽，大袖窄口，袖身肥大，袖口收紧。袖口镶织锦，斜襟处有扎带一对。以暗花绫为底，用金线织卧兽纹。

云锦是在南京生产的、以锦缎为主的各种提花丝织物的总称。它是在继承元代著名的织金锦的基础上逐渐发展起来的，到了明代，又进一步发展了通经断纬的妆花织造技法，织造出加金妆彩的妆花织物，被赞誉为"织金妆花之丽，五彩闪色之华"，为锦中之冠。云锦为我国传统织锦工艺巅峰之作，代表了我国丝织工艺的最高成就，是中国古代丝织工艺的最后一座里程碑。2009 年，南京云锦织造技艺被联合国教科文组织列入"人类非物质文化遗产代表作名录"。

云锦的源头可以追溯到东晋末年，安帝义熙十三年（417 年）刘裕在秦淮河畔斗场寺设立锦署，而云锦的发展和繁荣则是从元代开始。元世祖至元十七年（1280 年），忽必烈在南京设立专为皇室和百官织造缎帛的东西织染局，为明清两代官办江宁织造的建立以及南京云锦工艺的发展，起到了奠基作用。据《元史·百官志》记载，元代从大都到各地设立了数十家官办织染机构。当时大量生产一种名为"纳失石"的贵重织金锦。这种用金装饰织物的技艺对南京云锦的风格形成产生了重要影响。

"纳失石"源出波斯语，意为波斯金锦，原是产自波斯的一种织金锦织物，隋代就仿制成功。元人承袭了游牧民族的用金习尚，将西征时俘虏的三千三百多户西域锦工迁入内地，大量生产这种"纳失石"金锦，用于皇室和百官的袍服，甚至帐幕也用织金。南京云锦是大量用金的织物，是在继承元代织金锦的基础上发展起来的。

云锦织造是一种有着丰厚文化内涵的传统技艺，它既是宫廷文化、制度文化、礼仪文化的体现，也是民间文化、民俗文化的重要部分。它的产生和发展对社会的政治、经济、文化、科技、艺术、文学、风俗等诸多方面产生了重要影响。元代社会等级制度极严，反映到穿戴方面也有相关的法律规定，区别限制格外苛细，妇女衣服在严格的等级制度下，尊卑贵贱也区别明显，式样却差别不大，合领左衽为定格，通名为"袍"。正如陶宗仪《南村辍耕录》卷十一所述："国朝妇人礼服，达旦（鞑靼）曰袍，汉人曰团衫，南人曰大衣，无贵贱皆如之。服章但有金素之别耳。惟处子则不得衣焉。今万户有姓者而亦曰袍，其母岂达旦（鞑靼）舆？然俗谓男子布衫曰布袍，则凡上盖之服或可概曰袍。"

此织金大袖袍为元代贵族妇女在礼仪性场合所穿，极为罕见，是目前已知最早的云锦织金工艺的实物。

（徐佩佩）

# 景德镇窑青花萧何月下追韩信图梅瓶

● 元末
● 1950年南京市江宁区将军山明洪武二十五年（1392年）沐英墓出土
● 现藏南京市博物馆

青花萧何月下追韩信梅瓶高44.1厘米，口径5.5厘米，底径13厘米。小口，矮颈，丰肩曲腹，平底内凹成浅圈足。器形秀丽而挺拔，为南京市博物馆的镇馆之宝。

器身满绘青花纹饰，共分六层，依次为：口沿下外壁饰仰莲瓣纹，中间绘火珠、犀牛角等杂宝；其下饰缠枝莲花纹；腹部绘萧何月下追韩信人文故事，这是主体纹饰；下方绘饰一圈卷草纹；卷草纹下饰大括号式仰莲瓣头纹一周；近足端饰覆莲瓣纹，内绘宝相花纹。

梅瓶的主体纹饰即萧何月下追韩信人物的故事家喻户晓。画面中共有三人，分别以嶙峋的山石相隔，第一部分表现的是身着官服的萧何扬鞭策马欲出发追友的情景；第二部分描绘的是河岸边踌躇不前的韩信，牵马驻足的情景；第三部分刻画的是一位艄公持桨待客的情景。这件青花瓷，不仅纹饰题材独特，而且纹饰层次分明，繁而不乱。青花用料浓淡相宜，发色纯正，通体散发着美感。

梅瓶，是宋代开始出现的一种容器，形状大致是小口、矮颈、丰肩、肩以下内收，器型秀丽大方。清代许之衡在《饮流斋说瓷》中这样描述道："梅瓶，口细而项（颈）短，肩极宽博，至胫稍狭，折于足则微丰，口径之小仅与梅之瘦骨相称，故名梅瓶也"。宋元明时期，多个窑口均生产此类梅瓶，比如龙泉窑、磁州窑等。此青花梅瓶产自景德镇窑。

这件梅瓶原是明代开国功臣沐英的陪葬品。20 世纪 50 年代被盗墓贼掘出，流入夫子庙文玩市场的古董商手中。随后，政府彻查此事，盗墓者相继落网。迫于各方面压力，古董商最终向南京市文物保管委员会交出了这件萧何月下追韩信梅瓶。虽出土于明初墓葬中，据专家研究，它的烧造年代可能早至元末明初。元代生产的青花瓷器装饰有人物纹饰的很少。这件萧何月下追韩信图青花梅瓶，尽管画面中绘饰的艄公长相与装束异于中原人，有西域人的特点，但整体风格与元代外销青花瓷相去甚远。专家推测这件梅瓶应是明廷在明初开国时期的产品，旨在激励骁将们建功立业。

这件梅瓶上的主体纹饰取材于秦末楚汉相争的故事，在《史记》卷九十二《淮阴侯列传》及《汉书》卷三十四《韩信传》中均有记载，后演绎成小说及戏曲。故事大意为秦末农民战争推翻秦王朝后，项羽自立为西楚霸王，而贬先入关中的刘邦为汉中王。刘邦让张良往各处寻访堪任元帅的人才，伺机灭楚兴汉。张良得知韩信是个人才，却在项羽部下未得重用，便劝其弃楚归汉。韩信至汉，萧何面试后对韩信非常赏识，竭力推荐给刘邦。刘邦当时却并未加以重用，韩信失意出走，萧何闻讯，立即前往追赶，在一个月夜，方才追及，萧何再荐于刘邦，刘邦乃拜韩信为大将。这个故事体现了对优秀人才的极端渴望，与明初朝廷激励群臣、惜才赏赐之风有关。

沐英是明太祖朱元璋的义子，同时是明初开国重臣，受封西平侯，墓中出土如此贵重之器，当为宫廷赏赐。

据有关资料显示，我国国内博物馆收藏的各地传世、出土的元代青花瓷仅 100 多件，此外还有数百件元青花散落在世界各地，其中大部分为外销瓷，绘有人物故事纹的元青花非常稀少。

这件萧何月下追韩信图青花梅瓶整体造型端庄，刻画纹饰精美，各方面均达到炉火纯青的地步，为元青花中的稀世珍品。2013 年，国家文物局公布的第三批禁止出境展览文物目录中列入了这件梅瓶，使其成为真正的国宝。

（苏舒）

# 景德镇窑青花云龙纹高足碗

● 元末
● 1970 年南京市下关区中央门外张家洼明洪武四年（1371 年）汪兴祖墓出土
● 现藏南京市博物馆

　　高足碗高 11 厘米，口径 12.9 厘米，底径 4 厘米，底足高 6 厘米。侈口，圆曲腹，竹节形高足，足下部稍外侈。碗内壁印两条脚踏如意云头的龙，碗外壁绘青花三爪龙一条，碗内底绘青花扁菊纹，碗口绘青花卷草纹。

　　这件青花高足碗出土于明初汪兴祖墓中，出土墓志记载这是一座明代洪武四年（1371 年）墓葬。它虽出土于明初墓葬中，但是其造型和纹样具有典型元代青花瓷的特征。

　　高足碗是元代景德镇窑新烧的器形，是元代瓷器中最流行的器形之一。至于其用途，目前学术界有两种观点。一种是作为酒具；一种是用来放置贡品。这两种观点均有考古发现佐证。

　　河南登封市登封王墓中出土壁画中一仕女双手托一浅平盘，上置一小高足杯；另有一仕女在一侧双手捧一长颈圆腹瓶。可见当中的高足杯是搭配胆瓶喝酒所用。元代西藏夏鲁寺佛殿一层壁画中画有蒙古装男子，一手持玉壶春瓶，另一手举高足杯，应也是作为酒具使用。此外，江西高安窖藏中出土的高足杯内底还刻有诗文"人生百年常在醉，算来三万六千场。"这些诗文也明确表明高足杯的用途。

第二种说法是用来放置贡品，例如放酒、水果或大米做成的食品，用来供奉。陕西省榆林市衡山县一元代壁画墓中，墓壁所绘壁画上，墓主正前方有一长方形供桌，上置荷叶盖罐、玉壶春瓶、匜、碗、盘、方盒及高足杯等，高足杯中盛放的红色物体很可能为供奉所用的水果。

墓主为明初开国功臣汪兴祖。与这件器物同出土的南宋官窑瓷器、金银器等，均为当时珍贵罕见之物。由此可见，这件元青花被明初王公大臣视为极为珍贵的宝物。由于出土于纪年墓葬，该件器物为同造型的传世标本及各类遗迹出土标本提供了对比材料。

汪兴祖墓出土的这件元景德镇窑青花云龙纹高足碗，造型精巧，胎质坚致，釉色淡雅，具有较高的历史、艺术价值。

（苏舒）

# 大报恩寺琉璃构件

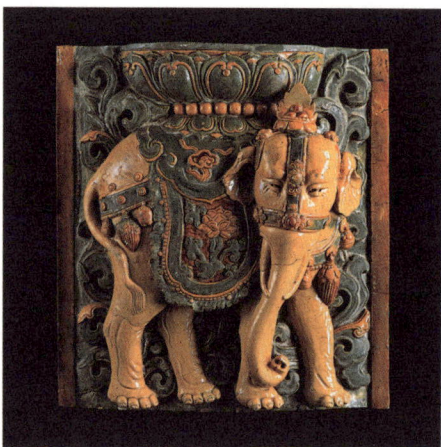

● 明
● 1958 年南京市雨花台区眼香庙出土
● 现藏南京市博物馆

　　1958 年，南京城南窑岗村的村民在眼香庙附近取土的时候，意外地发掘出一批极其精美的琉璃构件。2008 年初，南京市博物馆对窑岗村琉璃窑遗址重新进行考古发掘，收获了一批与之前相同的琉璃构件残件。这些琉璃构件均为陶质，上面施有黄、绿、赭等釉彩。因为釉层较厚，看上去流光溢彩，有着非常强烈的玻璃质感。这些光彩夺目的琉璃构件上，还雕刻着各种各样的装饰图案。其中最为精美的包括：

　　龙纹的琉璃砖，长 58 厘米，宽 43—47 厘米。呈扇形，由两块拼装而成。上面雕刻的龙是行走状态的四爪龙，它圆目长角，口衔莲花，下颚长须，背部有鳍，花叶形尾显得强劲有力。

　　飞天纹琉璃砖，长 60 厘米，宽 45 厘米，浮雕着一名美丽的飞天，飞天即歌舞的仙人，是佛教艺术中的歌神和乐神。飞天人首蛇身，双手合十，脸庞饱满，目视远方，在卷草纹的衬托下，显得庄严而圣洁。

　　白象纹琉璃砖，长 50 厘米，宽 47 厘米，浮雕着一只白象，白象卷

蹲狮纹琉璃砖

鼻长牙，看上去非常健壮，它的尾巴下垂贴在腿侧，身上背负着莲座，正目视前方缓缓前行，背后同样衬着卷草纹图案。它是中国古代佛教艺术中佛、菩萨的仆从和骑乘。

飞羊纹琉璃砖长51厘米，宽47厘米。浮雕着一只飞羊，飞羊双肋生翅，前蹄腾起，好像要跃然飞起似的。飞羊的形象前所未见，也应该代表佛、菩萨的仆从和骑乘。

蹲狮纹琉璃砖，长43厘米，宽48厘米。浮雕着一只雄狮，狮子双目圆睁，凸鼻露齿，蹲伏远望，让人望而生畏。在中国古代佛教艺术中，狮子象征护法神。

根据文献记载，这些不同纹饰的琉璃砖均为宝塔每层拱门上的建筑构件。据史料记载，大报恩寺琉璃塔高约78米，共九层，呈正八边形。塔位于中华门外古长干里，是明代南京三大寺院之一大报恩寺中最重要的建筑，被誉为中世纪世界七大建筑奇迹之一。

琉璃砖瓦作为修建宫殿的建筑材料，是从北魏时期开始的。从那时起，琉璃就一直被看作是最高等级的建筑材料，只有皇家建筑才能使用。大报恩寺琉璃塔使用琉璃砖瓦，正体现出它与皇家的密切关系。据史料记载，这个寺庙是明成祖朱棣为了纪念他的母亲建造的。

朱棣是明朝的第三代皇帝，朱元璋的第四个儿子。最初被封为燕王，1399年起兵攻入南京，从侄子朱允炆手中夺得皇位。朱棣登上帝位后，为安定人心，表示自己身份的正统性，他决定在公元1412年修建大报恩寺以及琉璃塔，纪念母亲马皇后。

朱棣倾全城之力修建大报恩寺和琉璃塔，前后共花了17年的时间。遗憾的是，朱棣到死也没有看见琉璃塔修建完成，直到他的孙子朱瞻基当皇帝后，琉璃塔才算完工。建成后的报恩寺琉璃塔，流光溢彩，美轮美奂。九级八面的宝塔，每面都有一个拱门，每一层八个拱门，九层共72个拱门。这些拱门四实四虚，隔层错开，全部由各种图案的琉璃砖构建而成。

这些琉璃构件看上去都非常新，甚至没有使用过的痕迹，有些琉璃构件的边角上，还有墨书、编号一类的字迹。据说，当年朱棣为了修建琉璃塔，召集了大量的琉璃匠人，在宝塔山外的窑岗村一带设立了七十二座官窑，烧造建塔所需的大量琉璃构件。当时烧造琉璃工艺非常复杂，正是意识到琉璃烧造的难度，朱棣才令当时的琉璃工匠烧造了三份，一份用于塔上，两份埋入地下，以备将来损坏时可以根据构件的编号，从备份库里找出相应的构件安装上去。根据考古结果推测，这些未经使用的琉璃构件，可能是当时烧造的备份琉璃构件。

建筑是凝固的音乐，无言的历史，它见证并亲历了人类历史的变迁。遗憾的是，在漫长的变迁中，有些建筑永远地消失了。毁于晚清的南京大报恩寺琉璃塔，就是其中之一。南京市博物馆收藏的这一组非常漂亮的琉璃构件，从一个侧面再现了这座被称为"天下第一塔"的伟大建筑。

（王晖）

# 铜水闸

● 明
● 1965 年南京武庙闸出土
● 现藏南京市博物馆

　　铜水闸为正方形，外方内圆，边长 1.3 米、厚 0.25 米，分为上下两部分。上部为闸盖，铸有十字形支架，中间为圆形铜钮，用于安装绞索，以提起闸盖，底部有 5 个扁圆柱形凸起。下部内凹，穿有 5 个圆孔，位置与上部凸起对应。开闸时，水从 5 个圆孔落下，经与铜水闸相连的铜涵管流出；关闸时，闸的上下两部分相扣合，便不再流水。铜水闸体形硕大，上下合重近 6 吨，设计巧妙，只能进水不可进人。

　　铜涵管为圆形，口径 0.96 米，高 1.08 米，青铜铸造，两端分别有用于相互套接的槽口。

　　铜水闸和铜涵管是明代南京城墙城区防、排水系统的重要组成部分。明初在修筑城墙时设置了多处涵闸，在墙基里预埋涵管，在城下水边设节制闸引水入城，以调控城内水位。

　　武庙闸是南京明城墙最著名的涵闸，位于玄武湖南岸，明城墙脚下，与解放门毗邻。为了减缓水流冲击，闸口水道呈"之"字形弯曲，可以根据闸门开启的大小，控制水的流量。1971年，为了疏通管道，拆除了原有的140多米长的铜管和铁管，改为永久性水泥通管，并修改了原进水口。拆除的部分铜水闸和涵管由南京市博物馆作为文物收藏。

　　南京明城墙始建于元至正二十六年（1366年），全部完工于明洪武二十六年（1393年），"高坚甲于海内"，是世界现存最长、规模最大、保存原真性最好的古代城垣。1988年1月，南京城墙被列为全国重点文物保护单位，2012年11月作为"中国明清城墙"项目的牵头者，南京明城墙被列入中国世界文化遗产预备名单。

（王晖）

# 紫砂提梁壶

● 明
● 1966 年南京市雨花台区马家山明嘉靖十三年（1533 年）司礼监太监吴经墓出土
● 现藏南京市博物馆

　　这把提梁壶是目前通过考古发掘获得的、有确切年代可考的最早的紫砂器。通高 17.7 厘米，口径 7.7 厘米，底径 7 厘米，容量 450 毫升。

　　壶为砂质，肝红色，器型较大，质地较粗，近似缸胎，但较缸泥为细，壶面上黏附着的"缸坛釉泪"，证明当时的紫砂是与一般缸器同窑烧制而成的，还没有另装匣钵套装后再烧制。器表涩手，有气孔。短颈用一块泥片加接。壶为平盖，宝珠纽，无子母口，壶盖背面缀条形十字筋。壶为球腹，腹下部稍敛，平底，弯流，流与腹衔接处贴塑四瓣柿蒂形纹饰，肩上捏接提梁，提梁圆角四棱，近似桥形，转折处为倭角，提梁后部还有一个用来拴绳系盖的小系。整个提梁壶造型端庄，做工规整。

　　宜兴紫砂壶应起始自明代中期，这类判断可在唐寅（1470—1523 年）、文徵明（1470—1559年）、王问（1497—1576年）、仇英（约1502—1552年）的绘画作品中得到证实。明代中后期紫砂器的发展和流行，与当时士大夫阶层盛行的饮茶风尚是密不可分的。饮茶发展到明代中期，已经摒弃了把茶汁榨干制成茶饼的旧习，改为最能保持茶叶本色和原味的用沸水冲泡散茶。饮茶方式的变革，促进了茶具的更新。泡茶最理想的器具，是用宜兴特产的澄泥陶制成的紫砂壶。《续茶经》引《阳羡茗壶系》中说："近百年中，壶黜银锡及闽豫瓷，而尚宜兴陶。"李渔也说："茗注莫妙于砂，壶之精者，又莫过于阳羡"。由于紫砂泥料的分子结构呈鳞片状排列，与一般陶瓷泥料的颗粒状结构不同，外表又不挂釉，气孔率介于一般的陶器和瓷器之间，冷热急变性好，热传导性低，用来泡茶，"色香味皆蕴"，使茶叶越发"醇郁芳沁"，能将茶叶的美味发挥到最佳程度，且不易霉馊变质。

在众说纷纭的有关紫砂壶起源的故事中，唯有这把紫砂提梁壶具有确切无疑的古老身份，也与典籍记录的早期的紫砂壶特征相似：捏筑为胎，腹半尚现节腠，与其他陶器放在一起烧成，不免沾缸坛油泪。既难得又凑巧的是，这把壶的形制与明代画家王问的《煮茶图》中的非常相像，提梁把手和壶腹几乎一模一样，而王问正是嘉靖年间的进士。这说明这种壶是可以用来煮茶，也可以用来冲泡的，这把紫砂壶刚好处于从煎煮到沏泡这个变化过程的时间段，自然对茶饮方式的改变和紫砂壶的起源具有重大意义。

紫砂器多为传世品，加之后代不断仿造，鉴定真伪存在着不少困难。地下出土的，特别是出自年代确切可考的纪年墓的陪葬品，对于鉴定传世紫砂器有着很好的比较作用。如吴经墓出土的这把紫砂提梁壶，对于我们了解早期紫砂器的形制、特征有着重要的"标准器"的作用。

（徐佩佩）

# 镶金托云龙纹玉带板

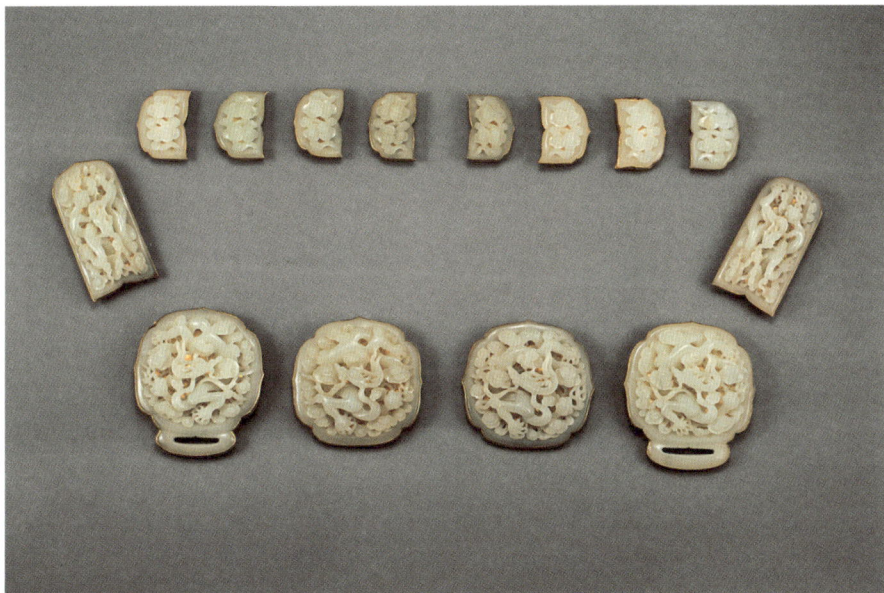

- 明代
- 1970 年南京市下关区（今鼓楼区）张家洼明洪武四年（1371 年）汪兴祖墓出土
- 现藏南京市博物馆

　　这组玉带板是 1970 年 10 月，由南京市文物保管委员会考古人员从南京中央门外的一座明代墓葬中发掘出土的。这是一座长方形券顶砖室墓，墓室分上下两层，各用砖壁间隔成前后两室。墓内共出土随葬器物 74 件，木制棺材、玉带板以及一些金银饰品、陶瓶放置于下层后室；瓷器、金银器、铜饰、铁质武器等放置于下层前室。上层前室有石墓志一合，后室未发现遗物。根据墓志志盖篆书"故荣禄大夫、同知大都督府事，赠开国辅运推诚宣力武臣"荣禄大夫"柱国"东胜侯"食禄一千五百石汪公墓"得知，此为明代开国功臣汪兴祖的墓葬。

　　汪兴祖墓葬中出土的 74 件文物中，有许多是国家一级文物，如宋代官窑盘，共出土了 11 件，还有一件绘有云龙纹的元青花高足碗也十分珍贵（见前）。不过最令人称道的还是这组镶金托云龙纹玉带板。

玉带板共 14 块，用纯洁滋润、白如凝脂的和田玉雕刻而成，底部镶以金托。带板的主要纹饰采用钻孔镂雕法，以重叠的层次，表现出龙身躯的上下盘绕。龙首的雕琢尤为精致，无论是须、眉、髯、鬣，还是角、鼻、唇、颚，都准确地表现了出来，尽显龙的威严之态。龙的周围辅以灵芝状祥云纹，恰如巨龙在云层间穿越，栩栩如生。每一块带板都精雕细琢，玲珑剔透，堪称中国古代玉雕工艺的杰作。

腰带的产生与发展和我国古代的服饰史密切相关。古人穿着深衣，即所谓穿长袍。穿长袍腰间必须系带，如果不系带，时称"散腰"，会被视为无教养、轻礼仪。唐代以前，男性贵族的腰带多以皮革为之。宋代以后，丝质绦带渐成主流。不论质地如何，人们都非常讲究腰带上的佩饰，它也成为男服上显示身份地位最炫目的亮点。唐代以革带入官服，用以标志官阶的高低，唐代以后仍有承袭。这种表示身份的革带，既有玉质、也有金、银质地的。带板的形状、数量及排列方式历代均有一定规制，镶在带两端的圆角矩形带板叫"铊（獭）尾"，中间的方形或长方形带板叫"銙"。

明朝政权力求恢复唐宋之制，洪武三年（1370 年）就制定了舆服制度，洪武

镶金托云龙纹玉带板配件

二十六年（1393年）又进行了修订。据《明实录》记载，明代初期，关于革带的使用便有了极严格的规定，文武官员按九品官阶分别使用不同质地革带：一品玉带，二品花犀带，三品金钑花带，四品素金带，五品银钑花带，六品、七品素银带，八品、九品乌角带。可见革带的材质与工艺规定十分严格。大祀、庆功、正旦、冬至、圣节及颁诏、进表、传制时要穿着朝服，文武官员阵列朝廷前，不同的服饰，不同的革带，显示出官员的不同身份地位。

依据明代张自烈《正字通》戌集上鞒字条记载，"明制：革带前合口处曰三台，左右排三圆桃，排方左右曰鱼尾（铊尾），有辅弼二小方。后七枚，前大小十三枚。"可知一条完整的玉带是由三台、圆桃、排方、鱼尾、辅弼等部分组成，为20块。从国内明代帝王墓出土的革带看，各种质地的带板形状与此基本一致。

汪兴祖墓出土的这套玉带板为什么只有14块呢？而且形状与上述的不完全一致，这是什么原因呢？根据现场发掘记录可知，该墓有盗扰的痕迹，那么，是因为盗墓造成了玉带的缺失，还是当时明朝初立，朝廷还未及定制，可以允许不足20块的玉带存在，或者有其他原因，这些至今都还是不解之谜。

（宋燕）

# 黔宁王遗记金牌

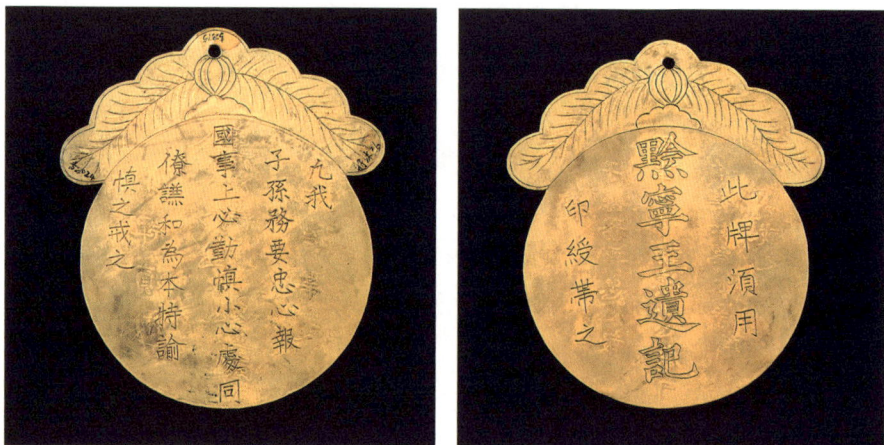

- 明
- 1974 年南京市江宁区将军山明沐启元墓出土
- 现藏南京市博物馆

　　黔宁王遗记金牌，圆形，直径 13 厘米，纯金打制。上部装饰有两片蕉叶，顶部有一圆形穿孔以便系绳。金牌正面居中刻"黔宁王遗记"五个空心大字，左右两边分别刻"此牌须用""印绶带之"两行文字，字体略小。金牌背面刻字五行，为"凡我子孙，务要忠心报国，事上必勤慎小心，处同僚谦和为本，特谕，慎之，诚之。"

　　这块金牌其实是块家训金牌，背面所刻文字是墓主人沐启元的先祖，明代开国功臣、黔宁王沐英对后代的教诲，意在训诫子孙供职朝廷首先要忠君报国，其次对上级要小心做人、勤恳为官，与同僚相处则要虚心谦恭。这 30 个字的家训，充满儒家传统的为人处世之道，提醒后人牢记教诲，对今天的我们仍有极其珍贵的借鉴意义。这块"黔宁王遗记"金牌是迄今为止明代考古中仅见的一块，也是我国古代墓葬中发现的唯一一件来自显赫家族的家传遗训。

　　1974 年春，江宁殷巷公社在将军山采沙时挖出了一座墓葬的墓顶，随后，南京市文物保管委员会（今南京市博物馆）派考古人员进行了清理发掘，后证实此处为明代黔国公沐启元的墓葬，墓葬中发掘出土珍贵文物达 180 余件，这块珍贵的"黔宁王遗记"金牌就是其中一件。

金牌上提到的"黔宁王"，指的是明初开国功臣沐英。沐英（1344—1392 年），字文英，安徽定远人。沐英自幼失去父母，被朱元璋夫妇收为养子，并随军征战。自 18 岁起沐英就单独领兵作战，敏捷果断，屡建战功，深为朱元璋所器重。相继由帐前都尉晋升为大都督府同知，连年征战陕、川、藏等地，最后平定云南。因在西南功勋最大，朱元璋命其留镇滇中。在任期间，他尽心尽责，勤勉小心。对待西南各族人民，他"顺而抚之、抚而治之"。其间，他不仅多次平定西南边境的叛乱，还开垦荒地，兴修水利，开发盐井，增设学堂，数年间就让云南百姓过上了安居乐业的生活。沐英因治理云南功绩显著，于洪武十年（1377 年）被封西平侯。洪武二十五年（1392 年），皇太子朱标病死，沐英闻讯后哀伤过度，继而得病，逝于昆明。明太祖朱元璋下令将其遗体运回南京，归葬京师，葬于南京江宁将军山，追封黔宁王，谥"昭靖"。

之后，沐氏家族的成员世袭黔国公爵位，先后十二代、十四任镇守云南，这块金牌的墓主人沐启元就是沐英的第十一世孙。

沐氏家族远离朝廷，在云南边陲威惠并施，政声颇著，对明代在西南地区的经济开发和边疆的安定做出了贡献，与大明王朝共始终。

（郭蓓）

# 渔翁戏荷琥珀杯

● 明
● 1974 年南京市江宁区将军山明沐启元墓出土
● 现藏南京市博物馆

渔翁戏荷琥珀杯，造型生动别致，杯整体高 4.8 厘米，杯口径 7 厘米，长 12.8 厘米，是用一块完整的鲜红的血珀采用圆雕的工艺雕琢而成。

琥珀杯的主体分为两大部分：杯身和渔翁。

杯身由一片卷起的荷叶构成，荷叶下雕出数枝荷花根蔓和水草，缱绻交错，构成了杯的底托，杯的口沿圆滑流畅，雕工细腻。杯身的一侧浅雕出一只尖喙、圆眼的鱼鹰，鱼鹰的神态在工匠的巧手雕琢下显得十分逼真，栩栩如生，好像正在搜寻猎物。

捕鱼的渔翁与杯身相连，渔翁发髻高挽，上身裸露，侧身盘腿，肩挎鱼篓，足磴高靴。渔翁的右手拽着飘动的荷叶，左手紧握一条跳动的鱼，鱼嘴上昂张开，鱼鳞清晰在目，一副鲜活的神态。渔翁全身呈侧倚状，胳膊上肌肉微微隆起，似在用力扶撑，脸上掩饰不住嬉荷得鱼之喜悦。

这件琥珀杯用渔翁作为杯柄，在整块琥珀上大胆剪裁，合理取舍，彰显出明代工匠独特的匠心和精湛的雕刻工艺，成功地表现了渔翁弄鱼戏荷、自得其乐的主题，是一件不可多得的艺术珍品。

自古以来，琥珀就是人们喜爱和珍藏的宝石之一，我国古代描写和赞美琥珀的篇章比比皆是，例如汉初陆贾的《新语·道基篇》中有"琥珀珊瑚，翠羽珠玉，山生水藏，择地而居"，唐代李白的"兰陵美酒郁金香，玉碗盛来琥珀光"，以及晚唐诗人李贺的"琉璃锺，琥珀浓，小槽酒滴珍珠红"等。早在 2000 多年前我国古代先民就已经认识琥珀这种物质，战国墓葬中就曾经出土有琥珀珠，以后各朝各代琥珀制品种类不断增多，但流传至今的古代琥珀雕刻工艺品却非常有限，尤其是把琥珀雕刻成杯子就更为少见了，这件珍藏于南京市博物馆的明代"渔翁戏荷琥珀杯"就显得极为珍贵。

公元 1368 年，朱元璋建立大明王朝，定都南京。南京作为明代开国之都，一度成为全国的政治、经济、文化中心，在创造大明王朝辉煌成就的同时，南京的地下也保留了众多明代功臣及其家属墓地遗存，这件琥珀杯就是于 1974 年出土于南京江宁县东善桥将军山明代沐启元墓葬。沐氏家族世代镇守云南，与明王朝相始终。琥珀杯的墓主人沐启元为沐英的第十一世孙。和琥珀杯一起出土的还有很多玉器，包括雕饰各种花纹的碗、杯等，这些玉器雕工都非常精致，线条流畅，称得上是明代玉器中的精品。这些墓葬出土的文物精美绝伦，不仅反映了明代高超的手工艺制作水平，而且从一个侧面映射出明代贵族的生活状况。

（魏杨菁）

# 素缎麒麟补服

◉ 明
◉ 1977 年南京市玄武区板仓村明正德十二年（1517 年）徐俌墓出土
◉ 现藏南京市博物馆

　　素缎麒麟补服，长 153 厘米，素缎地，圆领，右衽，宽袖，胸背正中织正方形补子，边长 39 厘米，其上用片金织麒麟主纹，四周配以如意云纹、灵芝、牡丹、海水、江牙、山崖等纹样。

　　这件衣服出土时穿在墓主人徐俌身上。徐俌下葬时间是明代正德十二年（1517 年），至出土时在地下埋藏 460 年。虽然年岁日久，但整体而言，这件衣服保存得相当不错。在徐俌墓内一共出土十件保存完好的衣服，其中补服两件，百褶裙服四件，袍服四件。素缎麒麟补服为其中一件。

　　这些衣服保存得如此好，与徐俌墓的埋藏环境密不可分，从外形上看，墓葬为一座长方形平顶墓，在浇筑结束后，填土夯实，这种结构有效地保证了墓葬的密封性能，棺内的溶液也为衣服的保存起了一定的密封隔绝作用。

徐俌，字公辅，安徽凤阳人，是明代开国第一功臣徐达五世孙。他生于景泰元年（1450 年）十月，殁于正德十二年（1517 年）七月，享年六十八岁。成化元年（1465 年）袭封魏国公。成化十五年（1479 年）掌南京左军都督府事，奉祀孝陵。弘治九年（1496 年）守备南京，掌中军都督府事。正德五年（1510 年）七月加太子太傅。自徐俌十六岁袭封魏国公后的五十二年，他深受朝廷赏识信任，死后加赠光禄大夫、右柱国、太傅，谥"庄靖"。

按照明代制度，魏国公徐俌墓内出土的素缎麒麟补服与徐俌的身份地位是一致的。明朝的命服制度在因袭唐宋服制的基础上，发展得更为完备。公卿百官的命服除祭服外，主要是朝服、公服、常服。徐俌墓出土的素缎麒麟补服，实际上是明代命服制度中的常服。朝廷规定："凡文武官常朝视事，以乌纱帽、团领衫、束带为公服。"因此，常服的性质是一种公便服。穿常服时，公卿百官的"等第差降"主要体现在两方面装饰上：一是腰带的材质与工艺；二是"补子"纹饰。衣服上用"补子"表明品阶，称作"补服"，是明朝创制。

清朝陆心源《仪顾堂集·补服考》考释："补服，明制也。本朝因之而微有更定，考《明史·舆服志》，文武官常服，洪武二十四年定。公、侯、驸马、伯服，绣麒麟、白泽。文官一品仙鹤，二品锦鸡，三品孔雀，四品云雁，五品白鹇，六品鹭，七品鸂鶒，八品黄鹂，九品鹌鹑，杂职练鹊。风宪官獬豸。武官一品、二品狮子，三品、四品虎豹，五品熊罴，六品、七品彪，八品犀牛，九品海马。"以飞禽和走兽作为文武官品阶标识，有其象征意义。

明朝《大学衍义补考》卷九十八中有说明："我朝定制，品官各有花样。公、侯、驸马、伯绣麒麟、白泽，不在文武之数。文武一品至九品皆有应服花样，文官用飞鸟，象其文彩（采）也；武官用走兽，象其猛挚也。"明朝创立的补服之制，直接影响了清朝的命服制式。清朝百官常服也以补子纹饰区分官阶，只不过补子形式和纹饰内容有所不同罢了。

这件素缎麒麟纹补服，对于研究明代品管服饰制度和明代纺织技术等提供了重要资料，是一件极其珍贵的文物。

（龚巨平）

# 凤凰形金簪

● 明
● 1977 年南京市玄武区板仓村明正德十二年（1517 年）徐俌夫人朱氏墓出土
● 现藏南京市博物馆

　　这对金簪为金质。共出土一对，一件长 22.3 厘米、一件长 22 厘米。其簪针扁平、弯曲呈钩状，上端弯曲连接簪首。簪首造型为一只凤凰，尖喙，羽冠，丹凤眼，昂首挺胸，双翼外张，振翅欲飞，羽毛层层叠叠，尾羽飘拂，伫立于如意形祥云之上。

　　金簪出土于南京市玄武区太平门外板仓村魏国公徐俌夫人朱氏墓葬中，与此形制相似的金簪在湖北钟祥明梁庄王墓、江西南城明益端王墓及江西明益宣王朱翊钘夫妇合葬墓中均有出土。江西明益宣王朱翊钘夫妇合葬墓中出土的凤凰形金簪，簪脚刻有铭文"大明万历庚辰五月吉旦益国内典宝所成造珠冠上金凤每只记重贰两贰钱八分正"，证明了金簪应插戴于珠冠之上。而从南京市博物馆馆藏的明代南京刑部尚书顾璘夫人画像中则可以更为直观地看到，这种成对的凤凰形金簪插在凤冠两旁，凤头外展，凤喙中空并衔接长串珠结，垂至肩部。从目前的考古发现来看，这类制作精美的凤凰形金簪都出土于身份较高的命妇墓中，应有着礼制上的特殊意义。

此对金簪工艺非凡，用细如毫发的金丝和谷粒大的金珠，根据凤凰的各部位特征分段制成。凤首和凤爪用炸珠工艺，先融金为珠，再将状若谷粒的金珠交错排列，点焊连缀而成。凤眼、凤喙以锤鍱方法加工而成。凤身系堆垒成形。凤的羽毛用两股细如发丝的金丝拧成一股，弯曲成羽毛状，层层叠压。凤翅、尾羽及凤凰双足下的祥云用掐丝工艺，先以金丝掐出翅膀、尾羽和云朵的形状与轮廓，继而用各种小卷丝分别在轮廓内平填，形成形状大小均相同的镂空纹饰。最后将各个部件进行攒焊，一只栩栩如生的凤凰就此成型。制作过程中运用了垒丝、搓花丝、炸珠、焊接等多种工艺，手法精巧、纯熟，其精细、复杂程度令人叹为观止。

明代首饰制作，尤其是金首饰的工艺，继承了前代的传统技法，并在此基础上有所发挥，精工细作，使得当时的首饰富丽堂皇，熠熠生辉，达到炉火纯青的境界，较前代有了进一步的发展。此对凤凰形金簪整体造型华美典雅，生动飘逸，而平填、焊接等细微之处也处理得一丝不苟，干净利落，玲珑精细至极，是明代金银细工的高超水平的代表作品。尤其是垒丝工艺的运用，使得首饰造型更加生动，富有立体感，同时较以往更为轻盈、秀丽，堪称金银器手工制作所能达到的精细之最。

在魏国公徐俌夫人朱氏墓中，与这对金簪同出土的首饰还有很多，包括头饰、耳饰、腕饰、指饰等。它们种类丰富，造型别致，纹样精美，工艺精湛，是南京明代考古发现的珍贵文物，也是研究明代金银首饰制作工艺的重要历史资料，值得我们在欣赏、玩味的同时，对其中蕴含的文化内涵做进一步的研究。

（边昕）

# 嵌宝石花叶形金冠饰

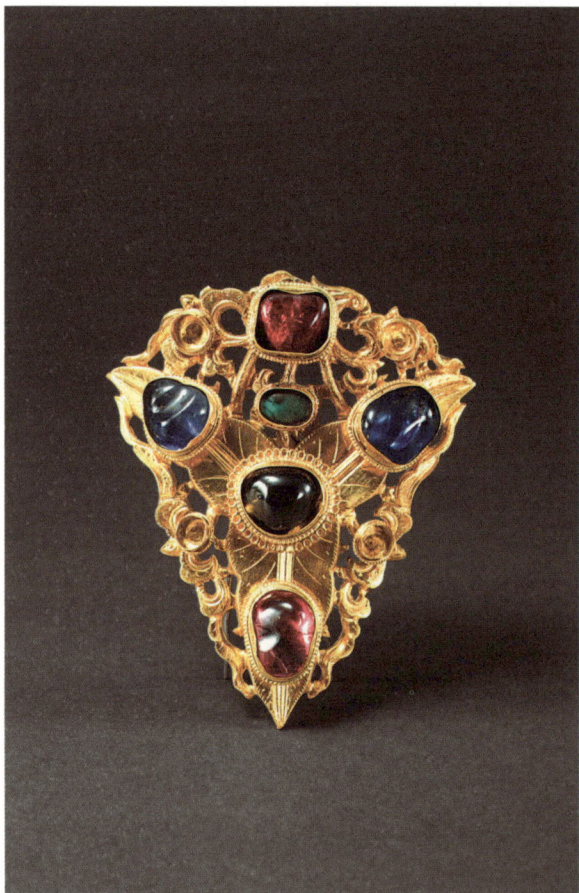

金冠饰为金质，高 7.9 厘米，宽 6.7 厘米，略呈三角形，一端边缘呈弧形。以三出长叶，作为饰件的主要构架，周围衬以缠枝叶。在镂孔的缠枝叶上，嵌有红宝石两粒，蓝宝石两粒，绿松石和茶晶各一粒，均用金托托住。各宝石之间又有四个空缺的金托，为镶嵌珍珠之用，珍珠已朽。

该金饰出土于徐俌夫人王氏墓的头骨旁。徐俌葬于南京太平门外板仓村。是徐达家族墓的 M4、M5，为夫妻合葬墓，其夫人朱氏、王氏也葬于此。由于墓穴采用了石灰浇浆的方式砌筑，墓内棺椁及尸体均保存完好。这类首饰是明代贵妇人佩戴之物，在徐俌夫人朱氏和王氏墓中，同时出土包括头饰、耳饰、腕饰、指饰等各种首饰，种类丰富，造型别致，纹样精美，工艺精湛，是南京明代考古发现的珍贵文物，同时也是研究明代金银首饰制作工艺的重要历史资料。

我国的金属工艺始于商周，公元前 15 世纪左右打锻、锤镙等工艺就已经较为普遍地应用在金银器加工上。到了宋代，商品经济发达，金器制作在继承前代工艺的基础上又有了新的发展，较多地运用錾刻、锤镙、镂雕、铸造、焊接等技法，具有厚重艺术效果的夹层技法开始使用，镂雕工艺在唐代基础上进一步精进，大多用于花纹装饰。人们还采用了新兴的立体装饰和浮雕型凸花工艺，这种装饰技法将器形与纹饰结合成完美和谐的整体，使器物具有鲜明的立体感和真实感。明代工艺在继承宋代的基础上讲究精工细作，往往还与珠宝镶嵌结合在一起，明代金镶玉文物无论质量还是数量都大大超过了前代。

金镶玉是一种特殊的金、玉加工工艺，在金器上镶嵌各种玉石，有时也泛指用这种加工工艺制作而成的金、玉器物。"有眼不识金镶玉"也是在我国民间广为流传的一句俗语，人们常用其来比喻见识浅陋、缺乏识别事物的能力。金镶玉在琢玉工艺上的学名叫作"金银错嵌宝石玉器"，工艺就在一个"镶"字上，要靠连续不断的敲击，把金丝或金片镶嵌到图案中。但这种工艺精细复杂，制作一件成品要耗费很长时间，因此自清道光以后就逐渐失传，该饰件主要采用锤镙、錾刻、垒丝、焊接等工艺，为明代金镶玉饰件中的精品。

（徐佩佩）

# "内府"白釉梅瓶

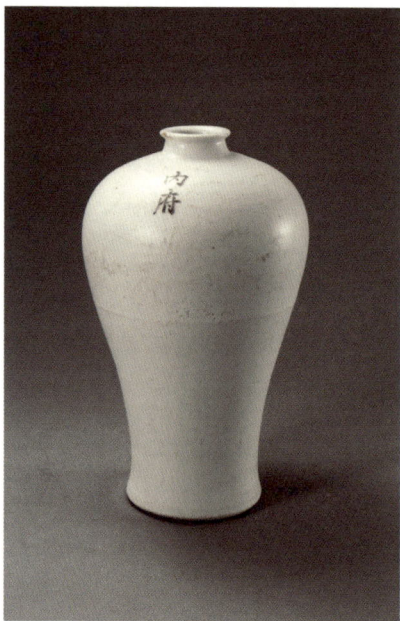

这件梅瓶高 33.2 厘米，底径 11.2 厘米。通体施蛋白色釉，釉色素雅，素面无纹。梅瓶小口平唇，肩极短，丰肩圆腹，颈部内收，近底部微微外撇，平底。造型端庄大方，丰满颀长。

呈色素净典雅，肩部釉下褐彩楷体竖写"内府"二字，字体工整、有力。带有"内府"铭，为宫廷御制瓷的标志，显示出该瓶非寻常百姓家的普通用具，而应是一件由当时景德镇御窑厂专门为明朝皇宫内廷烧造的器物。

"内府"铭在明代瓷器中甚为少见，十分珍贵。明代分设内官十二监、四司、八局，共二十四衙门，统称"内府"，专司皇帝内宫管理事宜，由于接近皇帝，权势很大。据考证，内府原意为仓库，署"内府"款的瓷器最早出现在磁州窑的器物上。到了明朝初年，内府的含义发生了根本变化，有皇宫内廷之义。

墓主人怀忠，于永乐初入宫，正统十四年（1449 年）镇守山西，天顺三年（1459 年）起为南京守备，官居要职。据墓葬中出土的墓志可知：怀忠，字秉直，先世为交南大族永乐初年入侍内廷。于天顺七年（1463 年）三月十七日卯刻病故，享年六十六岁。

（郭蓓）

# 釉里红"岁寒三友"图梅瓶

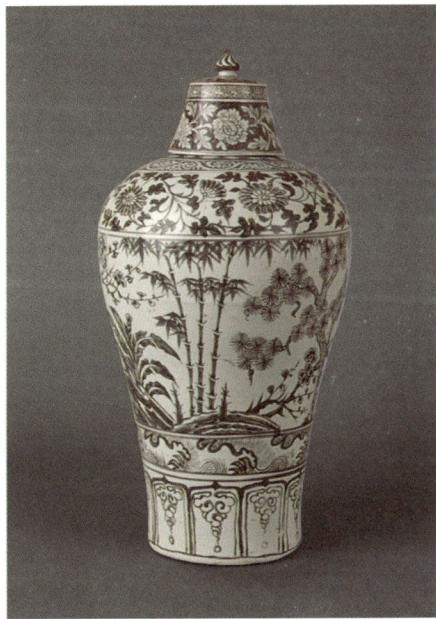

● 明
● 1992 年南京市江宁区东善桥乡前盛村明正统十三年（1448 年）宋铉夫妇墓出土
● 现藏南京市博物馆

  釉里红"岁寒三友"图梅瓶，通高 37 厘米，梅瓶的装饰图案从上到下分为七层，以宽窄分主次，各层之间以弦纹相间隔，从整体看一气呵成。

  从口部开始，蕉叶纹、卷草纹、如意纹、缠枝菊花纹递迭而下，下面海水纹、仰莲纹分层排列，腹部用较大的空间绘制了岁寒三友图。松，枝干虬屈，针叶团簇；梅，繁枝参差，花萼交叠；几竿修竹傍石而生，笋牙自岩隙间伸出。修竹与瘦石并立，山石勾边渲染，画中还点缀山茶、芭蕉，构成一幅精致的庭院小景，呈现出一幅生机勃勃的景象。整个梅瓶构图严谨，布局精妙得体，疏密相间中透露出别致、典雅之美。暗红色的图案在润白底色的衬托下，产生了视觉上延展和立体的效果。整个梅瓶的图案丰富、饱满，繁而不乱，是一件造型美与装饰美相结合的瓷器珍品。

梅瓶上的主题纹饰是"松竹梅岁寒三友"，松、竹、梅因岁寒不凋而被称为"岁寒三友"。在源远流长的古代文化中，关于"岁寒三友"的诗和画，比比皆是。古人常以水墨画表现松、竹、梅，抒发情怀，也把岁寒三友纹样用于陈设品装饰中，岁寒三友逐渐演变成为雅俗共赏的图案，流传至今。

釉里红，以铜为呈色剂，它与青花瓷被称为元代以来景德镇瓷器釉下彩品种的姊妹之作。工匠们用铜红釉在胎上绘画，覆盖透明釉后，在高温还原气氛中一次烧成，使瓷器的釉下呈现红色花纹。釉里红瓷器的烧制对窑室中气氛要求十分严格，烧成难度大，成品率低，所以在众多器物中，明初洪武时期的釉里红瓷器如昙花一现尤为稀少。因此，南京市博物馆珍藏的这件釉里红"岁寒三友"图梅瓶十分珍贵，是明初景德镇釉里红瓷器中的佼佼者，更是中国瓷器艺术宝库中的瑰宝。

这件梅瓶于1992年出土于江宁东善桥乡前盛村的一座砖室明墓。据出土墓志可知，该墓是明代西宁侯宋晟长孙、安成公主嫡长子宋铉及其夫人的合葬墓，墓葬的所在地在当地俗称为"娘娘坟"。据宋弦墓志记载，宋铉为西宁侯宋晟长孙、永乐安成公主嫡长子，官授南京"锦衣卫指挥金事"。无独有偶，1957年3月，南京博物院在南京江宁同一个地方也曾发现过一座明代墓葬，该墓葬是宋琥与安成公主的合葬墓，在此墓葬中也出土了一件釉里红岁寒三友图梅瓶。这件梅瓶通高41.6厘米、口径6.4厘米、腹围68.4厘米、底径13厘米。除了宋琥墓的梅瓶发色稍稍晦暗，有钟形盖，仰姿莲瓣纹与宋铉墓的梅瓶稍有不同外，其他基本一致，同是松竹梅为主题纹饰，绘制风格也相同。从胎釉和釉里红呈色、纹饰特征看，这两件梅瓶都属于明初景德镇釉里红瓷器。根据史书记载，宋琥是明朝"开国功臣"郓国公宋晟的次子、宋铉的父亲。宋氏家族是明代著名世家之一，宋琥、宋铉父子俩均用釉里红梅瓶作为陪葬物，这在明代功臣家族墓中并不多见，由此可见，梅瓶应是他们生前喜爱之物，同时也体现了他们高贵的身份地位。

（郭蓓）

# 龙泉窑青釉瓷罐

● 明
● 2003 年南京市白下区（今玄武区）明代太庙遗址出土
● 现藏南京市博物馆

　　龙泉窑青釉瓷罐高 24.6 厘米，腹径 31.6 厘米，口径 23.2 厘米，底径
17.6 厘米。直口，短颈，溜肩，鼓腹，通体饰数道弦纹。器身及内壁施
青绿色釉，釉色偏黄，通体有冰裂纹。胎体厚重，罐口及圈足底不施釉，
呈火石红。

　　整件器物的制作分为两部分，先制成器身，再用一件盘状器接在器
里底端，形成圈足，上釉后经高温烧结成一体，所以圈足底部留有二层
台的制作痕迹。盘状底的釉层薄，釉色发白，明显与器身不同，应该为
二次上釉。该罐制作精美，造型雄浑敦厚，具有元代龙泉窑大件器物的
遗风。

　　2003 年 6 月，南京航空航天大学综合办公大楼建设工地发现一座古

水井，南京市博物馆考古部工作人员随即前往调查，初步认定该井位于明故宫太庙遗址内，具有重要的考古价值。根据《大明会典》所载的"南京太庙图"及今北京太庙与南京明故宫太庙遗址比对，确认该井是太庙内西面神库附近的水井。经过清理发掘，出土了大批珍贵的明代文物，龙泉窑青釉瓷罐即为其中之一。

水井内出土了大量明代建筑构件，许多是在以往的明故宫考古中从未发现过的，规格较高，应为太庙正殿所用之物品，而龙泉青釉瓷罐应为太庙所用的祭器。

南京明代太庙由朱元璋建于洪武元年（1368 年），按左祖右社之制，每庙一主，庙皆南向，缭以周垣。洪武九年（1376 年）改建太庙，恢复了前庙后寝制度。正殿几座只设衣冠而不奉神主，又以亲王配享于东壁，功臣配享于西壁。寝殿九间，分间奉藏神主，为同堂异室之制。"几席床榻、衾褥军施、筐笥帷幔器皿之属，皆如事生之仪"，永乐十八年（1420 年）建的北京太庙，规制与南京同。

嘉靖十三年（1534 年），南京太庙大火，毁前后殿、东西庑、神厨库。这次火灾直接烧毁了南京太庙的主要建筑，太庙已经不能再使用。此次太庙水内井出土的文物正是这次火灾留下的。南京太庙烧毁后，在一些大臣的建议下，明王朝以"非二庙二主""一以此地为根本"为理由，不再修复南京太庙，而是将太庙祭祀合并到奉先殿中，烧过的太庙遗址则筑墙封闭，不得打开，以示国家重地。作为太庙祭器的龙泉青釉瓷罐的出土反映了明代南京太庙的兴废过程。

龙泉窑青釉瓷罐历来被认为是元代龙泉窑的典型器物，其特征是直口、广肩、鼓腹，或带荷叶形盖，或刻画花，或贴花，或瓜楞形线条纹。南京明代太庙井出土的龙泉窑青釉瓷罐对于研究明朝初期宫廷瓷器的烧造以及明初墓葬出土瓷器的断代均具有重要的意义。

（骆鹏）

# 明故宫琉璃龙纹瓦当

● 明
● 2003 年南京市白下区（今玄武区）明太庙遗址出土
● 现藏南京市博物馆

　　这件瓦当为圆形，直径约 18.3 厘米，长 15.5 厘米，模印五爪立龙，胎色为土黄色，胎质粗松，但烧结较好，表面施黄色琉璃釉，釉薄开细小片，局部泛银白色铅光。龙纹清晰、立体感强，龙作蛇形，龙首之鬣、发、须齐全，身披鱼鳞纹，五爪分开呈风轮状，身躯矫健，怒发冲冠，凶猛威武，尽显权威。

　　明故宫由皇城与宫城两部分组成，合称"皇宫"。工程始于公元1366 年，历时一年建成，皇城在外，围护着宫城。南北长 2.5 公里，东西宽 2 里，周长 9 公里，呈"凸"字形。在皇城与宫城之间还有两道门，南为承天门，北为端门，与洪武门、午门处在同一条中轴线上。在承天门与端门之间的御道两侧是庙社区，东边设置有祭祀皇帝祖宗的太庙，

龙纹瓦当

西边则是祭祀神灵的社稷坛。皇城开有六道门：正南为洪武门，正对着都城正阳门（今光华门）；东南为长安左门，外为长安街（今八宝街）；西南为长安右门；东为东安门；西为西安门；北为玄武门。宫城又称"大内"，俗称"紫禁城"，开有六道门：正南是午门（今午朝门）；东南为左掖门；西南为右掖门；东为东华门；西为西华门；正北是北安门。

太庙初建，按左祖右社之制，太祖在南京建了四个亲庙，作为祭祀朱元璋一系的祖宗之所。亲庙位于宫城东南，四祖各为庙，其制为每庙一主，"皇高祖居中，皇曾祖东第一，皇祖西第一，皇考东第二"，庙皆南向，缭以周垣，每座庙中供奉神主，东西两夹室，旁两庑，设三门。每门"皆设戟二十四，外为都宫，正门之南，别为斋次……"。正殿两廊楹室崇深，功臣配享，左有神宫监。洪武九年（1376 年）改建太庙，恢复了前庙后寝制度。正殿几座只设衣冠而不奉神主，亲王配享于东壁，功臣配享于西壁。寝殿九间，分间奉藏神主，为同堂异室之制。"几席床榻、衾褥军施、筐筥帷幔器皿之属，皆如事生之仪"，永乐十八年（1420 年）建北京太庙，规制与南京同。

瓦当是古代中国建筑中覆盖建筑檐头筒瓦前端的遮挡。滴水是指覆盖建筑檐头板瓦前端的遮挡，呈倒三角状。就质料区分，瓦当主要有灰陶瓦当、琉璃瓦当和金属瓦当。近年来在南京明故宫遗址相继发现了不少明洪武时期的琉璃陶瓦、滴水及建筑构件，此琉璃龙纹瓦当即为太庙遗址出土，烧造精美，对反映明初城建状况具有重要意义。

（徐佩佩）

# 龙江船厂出土大舵杆

● 明
● 2003 年南京市鼓楼区龙江宝船厂遗址出土
● 现藏南京市博物馆

　　龙江宝船厂旧址在今南京市鼓楼区中保村一带，面江背城，是国内目前保存面积最大的古代造船遗址，也是现存唯一的明代皇家建造的造船遗址。根据明代《龙江船厂志》《武备志》以及《明史》等文献记载综合分析，宝船厂创建于明代永乐初期，是专为郑和下西洋兴建的大型官办造船基地。下西洋活动停止后，造船数量减少，嘉靖年间缩小后的宝船厂正式更名为"龙江船厂"。宝船厂原有 7 条造船用的船坞，依次被称为一作至七作塘。目前只有四、五、六作塘得以基本保存。这些作塘都是比较规整的近长方形水塘，由北向南依次平行排列，呈东北至西南走向，原与夹江相通，船只造好后，可直接由长江驶入大海。

　　应宝船遗址公园建设的需要，经国家文物局批准，南京市博物馆组成专门的考古队，从 2003 年 8 月至 2004 年 7 月，对明代宝船厂遗址中的"六作塘"（造船船坞）进行了抢救性考古发掘。从进一步保护遗址的角度考虑，对六作塘以外的另两条作塘暂不进行考古发掘，保持其原貌，同时也可以留给后人进行更深入的研究。在对六作塘近一年的考古发掘中考古队克服了诸多不利因素，清理、发掘面积 1.92 万平方米，从塘底部清理出造船基础遗迹 34 处，共出土木、铁、石、砖、棕、陶瓷等各类珍贵文物 1000 余件，取得了重要的收获。在出土的船用构件中，最重要的发现就是出土了两根保存基本完好的舵杆。

这两根舵杆分别出土于六作塘的中段和东段。两根舵杆的形制相同，均为方头扁尾，头部带有两个长方形斜穿孔，用来安装舵牙；尾部表面凿有 3 个长方形浅槽，用来安装舵叶。槽内现还存有安装舵叶的铁钉。舵杆木质沉实，木色黝黑，长度分别为 10.1 米和 11 米。

郑和下西洋是世界航海史上的壮举，其船队从船只规模、人员数量、组织装备上都堪称当时最大的舰队。但郑和船队中的宝船到底有多大，一直是一个没有完全解决的问题。这两根舵杆的型制和长度为推算船只形制与规模提供了重要的参考依据。

（薛琛）

# 嵌宝石金头面一组

● 明
● 2008 年南京市江宁区将军山明成化十年（1474 年）沐斌继室夫人梅氏墓出土
● 现藏南京市博物馆

　　头面是明代权贵人家妇女的常用首饰。古代妇女一般用笄、簪、钗等将盘起的发髻固定在头上。明代流行用头发、帛纱甚至金银丝等织成一个罩子包裹住真发髻，称之为"鬏髻"，头面即和"鬏髻"的出现有关。人们在鬏髻周围插上装饰题材一致的各式簪钗，由此组成一套完整的头饰组合，称之为"头面"。

　　南京市江宁区将军山沐斌夫人梅氏墓中就出土了一套嵌宝石金头面。考古发掘时，墓主的头发上残留有一些银质的片状物，可能就是鬏髻，但大部分已朽烂，根据残存部分无法推断其大小、形状。这套头面为复原明代头饰的组合关系提供了重要资料。

　　头面首饰本质上都可算做簪子，因为有着特定的造型和插戴位置而

挑　心

顶　簪

有不同的名称。一套完整的头面包括挑心、分心、掩鬓、顶簪等。这套嵌宝石金头面即包括这五种造型，共六件。

挑心，装饰于发髻前部，通常簪脚朝上插戴。簪首分三层，中心一层围两重花瓣，中间镶嵌红宝石一颗，其外二层为火焰形，镶嵌着红蓝宝石各六颗。挑心常常是整幅头面最出彩的一件首饰，也是一套头面题材的中心。

分心，饰于发髻后部，簪首弧形，中间隆起，似"山"字形。上嵌红宝石 11 颗，蓝宝石 8 颗，排为三列，中间一列宝石较大，较为突出。分心为适应髹髻的轮廓，会整体向后呈一定弧度的弯曲，背面有长簪脚，用以插入髹髻。

顶簪，插戴于顶部，簪针扁长，尾端呈弯钩形。簪首为四层莲花形，每层都镶嵌红蓝宝石。顶簪的簪首多做成一朵或一组花的造型，以自上而下的插戴形式装点在发髻最高处。

掩鬓，为鬓角处的发簪，出土一对，簪首呈如意云形，上嵌各种宝石，现存有红宝石、蓝宝石、绿松石、猫睛石、紫水晶。掩鬓也是典型的明式簪钗，造型多做成带尾的祥云状，簪脚朝上，插戴位置靠近左右两鬓，因此是两件成对。在女子的一套头面中，掩鬓是必不可少的一对。

除此之外，嵌宝石金头面还有一只金簪，簪脚细长，簪首为花形，中嵌红宝石一颗，外层宝石脱落不存。这类簪子可能是用来辅助其他簪钗固定发髻之用。

　　以上首饰，基本构成一套完整的头面，可以佩戴出席隆重场合。如果追求更加华丽繁复，可加花钿、凤簪、草虫簪、花头簪等，将满头乌发包裹的一丝不露。整套头面的各簪钗一般主题一致，材质也一致。比如嵌宝石金头面的主题为金镶嵌宝石，精美的黄金造型和各种名贵宝石融为一体，色彩斑斓，美不胜收。

　　明代是我国金银工艺史上的一个高峰。这套嵌宝石金头面灵活运用各种手工艺，包括锤锞、錾刻、累丝、掐丝、焊接、镶嵌等，精湛绝伦。单论镶嵌技术，这套头面上嵌宝石的金托就达近百个，镶嵌着大量红宝石、蓝宝石及绿松石、猫睛石等，极为罕见。在这样的工艺水平下，明代金银首饰的题材、样式较前代更为丰富，造型富于变化，追求艺术效果，创作出了许多精品佳作，极显明人雍容华贵之态。

（朱晓雪）

# 洪保墓寿藏铭

● 明
● 2010 年南京市江宁区祖堂山洪保墓出土
● 现藏南京市博物馆

　　2010 年 6 月，位于南京市南郊的江宁区祖堂山社会福利院扩建，施工队在取土时发现了一座明代砖墓，南京市博物馆考古人员随即对其展开了考古发掘，由此，洪保墓重现于世。

　　这座古墓墓室分为前后室，总长约 8.2 米，墓室外宽约 3.34 米，高 3.45 米。墓室建于山体黄色砂岩之上，后壁紧靠墓坑，左右壁与墓坑之间的空隙中填土。墓前有坟寺遗存，并出土了一批寺庙建筑遗物。墓葬中除了玉环、水晶串饰以及铅锡明器等明代遗物，还有一块《大明都知监太监洪公寿藏铭》（以下简称《寿藏铭》）。《寿藏铭》是墓主生前所立的碑铭，载其生平事迹。从铭文可知，这座墓的主人正是明代都知监太监洪保，也是郑和下西洋时使团的主要领导成员。

　　南京是郑和下西洋活动的始发地与大本营，数十年来，在南京先后发现了与之关系密切的明代南京守备内官监太监罗智、南京守备都知监太监杨庆、后军都督府都督佥事汪浩等人的墓志，不过这些墓志中关于郑和下西洋的记载却少之又少。洪保墓《寿藏铭》的发现恰好弥补了这一缺憾。

洪保墓《寿藏铭》刻于石碑上，碑长57厘米，宽57厘米，两匝铁箍，个别字笔画中有红色填充物。据《寿藏铭》所述，"永乐纪元，授内承运库副使，蒙赐前名。充副使，统领军士，乘大福等号五千料巨舶，赍捧诏敕使西洋各番国、抚谕远人。"短短几句话，却透露非常重要的信息，不仅有航行年号、船号的记录，还有船的载重量。"统领军士，乘大福等号五千料巨舶"，揭示了郑和船队中确有"五千料巨舶"，并记载了准确名称"大福号"，这一信息在下西洋研究史上是首次见到，可以结束"大号宝船到底有没有"这一学术争论。而且"等"字清楚地告诉我们，五千料巨舶绝不止一艘。同时，洪保《寿藏铭》记载，永乐元年（1403年）洪保就曾作为副使"度西洋"。

这份25行741个字的《寿藏铭》，是明宣德九年（1434年）洪保65岁那年刻成的。作为郑和下西洋使团的主要领导成员，洪保见证了海上丝绸之路的辉煌。这一详细记载洪保奉使参与郑和下西洋的经历的《寿藏铭》，是南京地区地下出土的铭文内容直接涉及郑和下西洋历史事件的第一方明代碑志，是南京明代墓葬考古的重大收获，对郑和下西洋的研究具有重要意义。

目前，洪保墓已得到完善的保护和展示，见证着明代初年一批优秀的航海家所共同完成的"郑和下西洋"壮举，见证着南京作为海上丝绸之路重要节点城市的历史辉煌。

（薛琛）

# 龙首金带钩

● 明
● 2016 年南京市雨花台区天隆寺明代宦官墓出土
● 现藏南京市考古研究院

金带钩钩头呈龙首状，龙眼为两颗细小宝石，龙首上两个石碗中空，可能原嵌有珠类装饰物。龙首内残存少量朱砂颜料。钩身镂空，以垒丝制成，上嵌 4 颗宝石，包括 2 颗粉色宝石，2 颗蓝色宝石，呈一排交错排列；钩背呈柳叶状，光素无纹饰，近尾端嵌圆纽。金带钩长 13.5 厘米、宽 3 厘米。使用时，将带钩置于腰部正中，钩背的圆纽绑系腰带一端，钩头挂住腰带另一端，拉紧腰带，以便束腰。

带钩为古代常见的绑系腰带的挂钩，其使用方法可以归纳为三种：单钩法、并钩法和环钩法。带钩钩身整体近"S"形，质地以铜、铁为主，兼有金、银、玉石等。带钩出现于春秋时期，战国秦汉时期较为流行，魏晋以后数量开始锐减。随着复古之风兴盛，带钩在宋代重新开始流行，成为文人士大夫之间的雅物。两宋时期的带钩，质地以玉为主，至明代，又以金为上，镂空、垒丝、镶嵌宝石等金银器制作工艺，开始应用于带钩。

南京天隆寺明代宦官墓出土的龙首金带钩，集多种复杂工艺于一身，实为明代带钩中的精品。

（许志强）

# 玛瑙腰带

● 明
● 2016 年南京市雨花台区天隆寺明孝陵神宫监太监韦清墓出土
● 现藏南京市考古研究院

　　玛瑙腰带出土于墓主腰部位置，未遭扰乱。束腰的革带已腐烂不存，仅余 20 块原缝缀于革带上的玛瑙带銙。带銙均包镶铜框，铜框略有锈蚀，玛瑙均保存完好，呈亮红色，光素无纹饰。

　　其中排方 7 块，均为长方形，位于墓主腰后；铊尾 2 块，均为一端呈弧形的长方形，对称分布于腰部两侧；辅弼 2 块，为长条形，连接辅弼与圆桃；圆桃 6 块，呈桃形，3 块一组，左右对称；三台 3 块，中间为长方形，两侧为一端抹角的长条形。带銙背面钻有对穿的小孔，排方、铊尾、三台中间者均钻有四孔，长条形辅弼钻二孔，圆桃钻三孔，然后用铜丝与革带连缀在一起。三台背面有铜插销座。中间长方形带板设置插孔，一侧缀舌形簧，系带时用右手将舌形簧插入插销座内，簧自动弹开即可卡牢；解开时用手从插销座孔内将簧片下压推出。另有 2 只椭圆形铜带扣分别位于腰部两侧位置，用以调节革带长短。

腰带由革带和点缀其上的带銙组成。腰带并非紧束于腰际，而是悬挂装饰于腰部位置。此类带銙的制作与使用，至迟在唐代便已开始，带銙的质地和数量与佩戴者身份互相对应。据《新唐书·车服志》："其后以紫为三品之服，金玉带銙十三；绯为四品之服，金带銙十一；浅绯为五品之服，金带銙十；深绿为六品之服，浅绿为七品之服，皆银带銙九；深青为八品之服，浅青为九品之服，皆鍮石带銙八；黄为流外官及庶人之服，铜铁带銙七。"明洪武年间，对文武官员的公服腰带亦作了详细规定：一品用玉，二品用犀，三品、四品用金，五品用银钑花，六品、七品用银，八品、九品用乌角。可见，腰带带銙的质地属于古代舆服制度的重要内容之一。虽然文献记载明代官员带銙材质为上述六种，但实际应用中远不止如此。墓葬出土的带銙质地有金、玉、银、铜、琥珀、玛瑙、木、药玉等多种，还有金镶玉、金镶木、铜镶木等。在各类带銙中，素面带銙与雕纹带銙都较多，雕纹者纹饰多样，素面带銙的使用也很普遍。带銙更多地以质地而非纹饰表示等级。

明初洪武永乐时期，出土的带銙数量并不统一，从 14 块到 22 块不等。永乐以后，腰带带銙数量趋于一致，稳定为 20 块。南京天隆寺明孝陵神宫监太监韦清墓中出土的玛瑙腰带，为明中期腰带中的精品。

（许志强）

# 鎏金喇嘛塔

● 明
● 南京市江宁区牛首山弘觉寺塔地宫出土
● 现藏南京博物院

　　弘觉寺塔位于南京南郊牛首山的东峰西南坡,始建于唐大历九年(774年),是代宗"感梦敕修"。重建于明正统初年(1436年)至正统五年(1440年)之间,至清代乾隆年间此塔木结构遭雷击而焚毁,仅存塔身部分。1956年7月14日,弘觉寺塔内发现地宫,出土了鎏金喇嘛塔、瓷罐、玉瓶、兽角雕刻的佛像等文物,其中,鎏金喇嘛塔最为引人注目。

　　鎏金喇嘛塔高35厘米,座高16厘米,比例适当,结构严谨,鎏金光亮。

塔身形状像一个倒扣着的钵，所以又称"覆钵式塔"，是藏传佛教喜用的形式，俗称"喇嘛塔"。

塔为双层须弥座，塔身和塔刹连为一体，也可取下，须弥座上有一组佛像，主供菩萨为不空羂索观音坐像。塔身有四个壶门，内有释迦、韦陀佛像，上施有相轮、十三天、宝盖、宝珠等，须弥座内藏有珍珠、宝石、水晶、玛瑙、玉石、骨灰等物。整个鎏金塔安放在一个红色砂岩雕成的须弥山形基座上，塔座整体呈正方形，被精雕细刻成须弥山，山峦起伏、高低错落，正面刻有二力士像，身侧皆飘浮祥云，右刻双狮戏球，左刻双鹿斗角，后刻云龙。塔座刻有题记："金陵牛首山弘觉禅寺永充供养"，背面是"佛弟子御用监太监李福善奉施"。正面凹下部位放置一躯铜鎏金释迦涅槃像，佛像通长8.9厘米，头枕右手侧身卧，脸型方圆，饱满端正，表情静穆柔和，略含笑意，衣纹清晰流畅，富丽华美，具有明代永宣时期的宫廷造像风格。方形石座的四角各放有一个青瓷罐，罐内有灵骨、舍利、中药、香料等物。

从弘觉寺塔出土的这座鎏金喇嘛塔实际上是由鎏金塔和砂石岩塔基及四个瓷罐合成的"金刚宝座塔"，属于佛教密宗塔式。金刚宝座塔一般下方有一台座，台座上有五塔，中间为大塔，四周为小塔，象征着礼拜金刚界五方佛。

在国内，金刚宝座塔的形象最早出现于南北朝时期，比较典型的大部分是明朝以后修建的，主要在山西五台山圆照寺塔院、北京西郊真觉寺、碧云寺、玉泉山锥子塔和内蒙古呼和浩特的五塔寺等。像这种在明代及以后修建的金刚宝座塔存世本来不多，而用石座、铜塔、瓷罐合成的小型金刚宝塔全国仅此一座，弥足珍贵。

（薛琛）

# "二十四孝" 纹隔扇门窗

● 清中期
● 2002 年捐赠
● 现藏南京市民俗博物馆

　　南京市民俗博物馆收藏的这组"二十四孝"木雕隔扇为原信府河 119 号河房的内檐装修构件。

　　河房是南京特有的一种民居建筑形式。明清时期，城南的秦淮河是城内重要的交通及商业通道，河岸两旁民居建筑比邻而建，蜿蜒连绵，高低参差，这类沿河而造的古民居，就是秦淮"河房"，又称"河厅"。

　　信府河河房由前后两进组成，大门为普通的石库门，前进房屋较为低矮，两进之间有小院，两边有厢房，后进为河厅，三开间，厅后有廊悬于河面之上，主人在闲暇之时，可依靠在后廊的围栏边欣赏秦淮河的美景，聆听秦淮游船上传来的曼妙乐声，这正是秦淮河房的引人入胜之处。

信府河 119 号河房原主人姓杨，民国时期，家道中落，其后人将此房卖于冯姓人家。2002 年，信府河被列入拆迁改造范围，冯家后人为政府公职人员，具有很强的文物保护意识，主动联系民俗博物馆，将此套隔扇捐献给国家。目前，过去常见的秦淮河房已寥寥无几，这套精美的建筑构件记录着秦淮河房的精致与典雅。

"二十四孝"纹木雕隔扇门窗由三部分组成，一是立于后进河厅明间两侧的纱隔，有 16 扇，高 3 米，宽 0.55 米；二是后步柱间的屏风，有四扇，高 2.08 米，宽 0.43 米；三是屏风两旁的两扇隔扇门，高 3 米，宽 0.76 米，原先在河厅明间外檐还有 6 扇隔扇门，"文革"时期因"破四旧"被毁。纱隔和隔扇门的中夹堂是装饰精华所在，采用高浮雕的手法刻画了反映儒家忠孝思想的"二十四孝图"，包括《孝感动天》《鹿乳奉亲》《怀橘遗亲》《戏彩娱亲》《郭巨埋儿》《卧冰求鲤》《拾葚异器》《啮指痛心》《刻木事亲》《闻雷泣墓》《乳姑不怠》《扼虎救父》等；纱隔裙板分别雕刻梅兰竹菊、松鼠葡萄、榴开百子、金石彝鼎等图案；隔扇裙板雕刻得更为繁复，其图案包括"渔、樵、耕、读"，亦有亭台楼阁、小桥流水、茅亭宝塔、假山怪石、苍山古木，布局错落有致，意境蔚为深远。中堂屏风为槛窗式，上下夹堂刻有文字印章，内容包括楷书《陋室铭》通篇、大篆及鸟虫篆诗句、吉语印章等。整套隔扇的装饰内容设计巧妙，内涵丰富，应是主人亲自参与设计，反映了主人高雅的审美情趣。

（潘迎）

# "友恭堂甘氏祭器"盖碗

- ● 清
- ● 2008 年捐赠
- ● 现藏南京市民俗博物馆

　　清代白瓷祭器，由金陵甘氏后人甘桂捐赠。其中盖碗口径 10.6 厘米，底径 4.2 厘米，上盖一圈印有"甘氏祭器"字样，白瓷高足立碗高 10.6 厘米，口径 13 厘米，碗内底面印有"友恭堂置"的款识。

　　甘氏家族为南邦巨族、江南甲姓，以藏书、文学、地学闻名。江宁丹阳，是金陵甘氏有史可考的祖脉发源地，至今其祖墓犹存，同姓族人围墓而居近两千年，家族传承有序。

　　甘熙宅第大门曾有"武丁旧学，典午名家"的门联，"武丁旧学"指的是甘姓始祖甘盘。甘盘，夏代甘国苗裔，殷商中兴名主武丁年轻时曾就学于甘盘，后来武丁继位，便礼聘甘盘为相，这位被后世推崇为贤相的甘盘，便是甘姓的始祖。文献记载，甘氏为"武丁臣甘盘之后"。"典午名家"指的是东晋大将、于湖敬侯甘卓，"典午"意为司马，原指司马之官职，后因晋帝姓司马氏，所以用"典午"暗指晋朝。甘卓，字季思，甘宁的曾孙，晋元帝时，任前锋都督、扬威将军、历阳内史、晋爵南乡侯、豫章太守、湘州刺史，进封于湖侯。后授安南将军、梁州刺史，镇襄阳。公元322年，大将军王敦镇守长江中游武昌，趁晋室衰微，企图谋反。因甘卓不从，为王敦、襄阳太守周虑所害。晋明帝司马绍知其忠义，太宁三年（325年）追封甘卓为骠骑将军，谥号为"敬"，因而史称甘卓为"于湖敬侯"。甘卓丧后，甘氏族人将其归葬江宁小丹阳之甘泉里，墓碑曰"梁州刺史甘府君墓"。甘家子孙在小丹阳为甘卓守墓一千多年，江宁小丹阳至今仍有甘墓岗、甘泉里、甘村的地名。

据甘煦、甘熙撰《梦六府君（甘福）行述》载，明崇祯年间，一支甘氏族人离开祖居地小丹阳甘村，进入城内，开始以务农、经营田产为生。乾嘉之际，南京丝织业大盛，甘国栋（遴士）率子行商，经营"剪绒、江绸、贡缎、棉纱、布帛"，经过两代人的努力，家境渐渐殷实。入城以后，甘家先居苑家桥明初徐达所建东花园（今白鹭洲），嘉庆初甘国栋在时称府西大街的南捕厅买下一块宅基地，开始营建房屋，嘉庆四年（1799年）正式迁居于此，并取堂名曰"友恭堂"。

"友恭"既是南捕厅甘氏的堂名，又是甘氏族人历代遵循的家训。"友恭"二字源于《三字经》，意思是家族之中、兄弟之间应上友下恭，兄爱其弟，弟敬其兄，延及父子长幼之间同样如此，这样便能产生家族凝聚力，家和万事兴。"友恭"的根本就是儒家的孝道，履行孝道是最美好的道德和最精要的道理。"友恭堂"不仅仅是甘熙宅第中的一栋建筑物，它还是这座大宅院的灵魂，是南捕厅甘氏的堂号，也是整个宅第、家族的共同称谓。

2001年，在甘熙宅第保护工程一期搬迁工作刚开始的时候，居住于南捕厅15号二进的一对老年夫妇收拾家什时，意外发现了衣橱背后嵌于东墙的两块题为"江宁甘氏友恭堂记"的碑石。碑文成书于清嘉庆十七年（1812年）冬月，由长洲（今苏州）人王芑孙撰写，金陵刘文奎镌刻

"友恭堂甘氏祭器" 盖碗

而成。碑文字体遒劲工整，清晰可辨，印证了"友恭堂"的存在，以及甘氏家族世代以"友恭"为家训的历史。

当年，这里是族中长辈议事、接待宾客，举行婚丧、节令、祭祀等重大活动的场所。甘家在岁时祭祖时，堂内高悬各代祖先大幅遗容，下置香案供桌和祭品，族人按金、水、木、火、土的排辈，分批叩拜，各人神情严肃庄重。没有取得功名的子孙，祭祖时只能在友恭堂外的露天院中叩拜，只有取得功名的子孙，夫妻方可入堂双双拜祖。这则传说，一是反映出祖辈教化激励子孙奋发上进有方；二是说明了"友恭堂"在甘氏子孙心目中有着崇高的精神地位。

甘熙宅第现为国家级文物保护单位。

（潘迎）

# "江南织造臣庆林"款锦匹

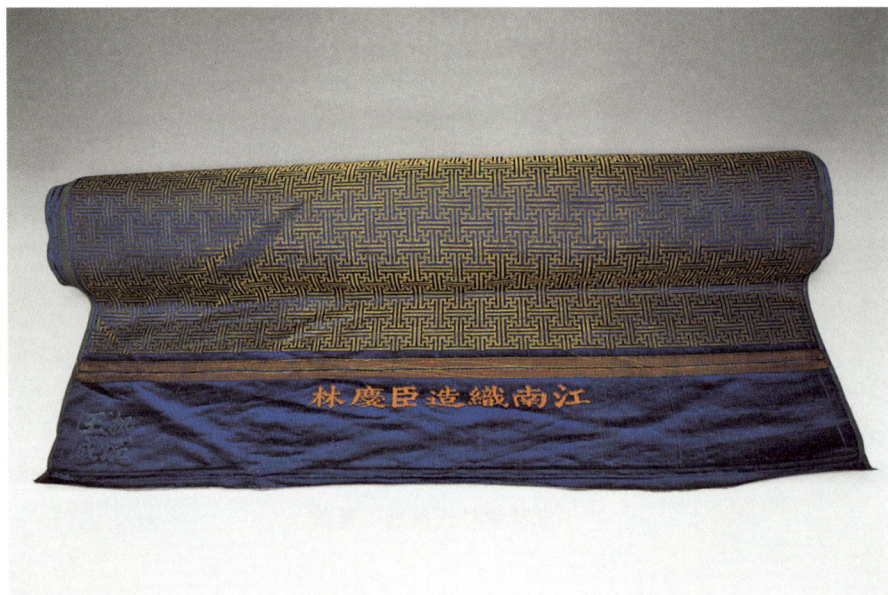

- 清
- 征集
- 现藏南京市博物馆

　　锦匹宽 79.5 厘米，底为蓝色，上织形似"卍"字的金色几何纹样，排列整齐，纵横交错。缎尾织有楷书"江南织造臣庆林"款，缎尾左下端织有"机匠王成"的方形印章，当为清代宫廷用料。

　　缎尾书写的"庆林"为清代第十八任江宁钦差织造官，同治十年（1871年）八月上任，到光绪元年（1875 年）八月任满。根据缎尾款识判断，这匹锦缎是在这五年间织造的。

　　"织金缎"又名"库金"，因织成后输入宫廷的"缎匹库"而得名。所谓"织金"，就是织料上的花纹全部由金线（或银线，又称为"库银"）织出。明清两代江宁官办织局生产的"织金"，金线都是用真金制成。这件匹料虽已年代已逾百年，纹样仍闪耀着光泽。

云锦是一种以织金、妆花为主要特色的织锦缎。因其选料精良，花色绚丽精美如同天上的云彩，故此得名。南京云锦与四川蜀锦、苏州宋锦并称为我国"三大名锦"。

公元 417 年，建康（今南京）设立了专门管理织锦的官署——锦署，这被看作是南京云锦诞生的标志。经过历代发展，至明清时期，其生产规模与水平达到鼎盛时期。元明清三朝，云锦均被指定为皇室御用，是皇袍冠带、嫔妃衣饰的主要用料，也是皇家馈赠、赏赐的高等级礼品。云锦主要分为"织金""库锦""库缎""妆花"四大类，其中"妆花"工艺最为独特，它在同一纬道的图案上使用不同颜色的纬线，产生逐花异色的效果，还大量使用纯金线和纯银线，配以五彩丝绒线、金翠交辉的孔雀羽毛等稀有名贵锦线，有"寸锦寸金"之喻。

元明清三朝，"南京云锦"一直是宫廷御用的贡品，由官府垄断生产。清代康嘉年间，清政府特意在南京设立了"江宁织造署"，与苏州织造、杭州织造一起掌理织锦业的生产，南京云锦进入鼎盛期。《红楼梦》的作者曹雪芹的曾祖父曹玺、祖父曹寅、父亲曹頫先后担任过江宁织造这一要职，长达 59 年之久。据《丝绣笔记》转引《清会典》记载："凡上用缎匹，内织染局及江宁局织造；赏赐缎匹，苏、杭岁造。"可见江宁织造署督造的云锦是皇室专用的。从保存下来的当年云锦匹料的缎尾上经常可以看到"江南织造臣忠诚""江南织造臣庆林""江南织造臣七十四""金陵涂东元玉记库金""金陵张象发本机库金"等字样，这些款识真实地反映了云锦织造由官府严密督办的情况。

通观清代，南京云锦的生产盛况空前，既有官府督造的贡品，也有民间机坊生产的产品。清代南京生产的织锦产品除供应宫廷、官府使用和赏赐之需，还远销海外及蒙古、新疆、青海、甘肃、西藏等地，并在对外贸易中享有很高的声誉。南京云锦是中国传统丝织工艺的精华。南京市博物馆馆藏的这段完整的云锦匹料，是清代云锦中的精品。

（王惠荣）

近代篇

# 太平天国印书《建天京于金陵论》

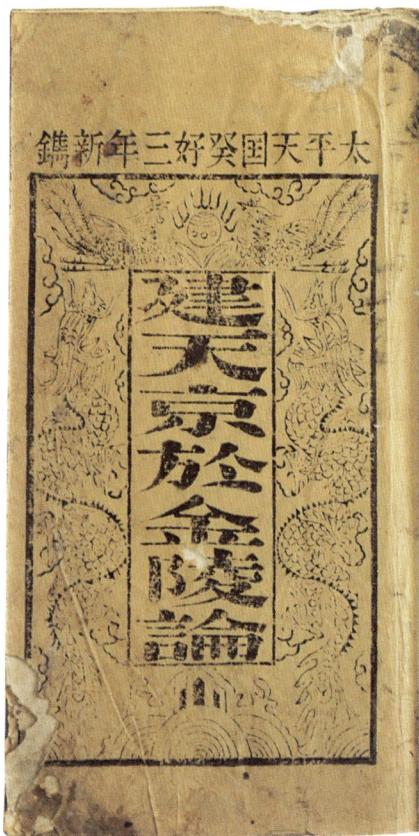

● 太平天国时期
● 2017 年征集
● 现藏南京太平天国历史博物馆

太平天国印书《建天京于金陵论》，癸好三年（1853 年）初刻本，长 25 厘米，宽 14.5 厘米，厚 0.5 厘米，重 88.65 克，其内容系太平天国对定都南京问题讨论和论述的短会汇编。

1853 年攻克南京后，太平天国初步实现了"同见小天堂威风"的目标。结束了金田起义以来"略城堡，舍要害"的流动作战形式，转为执行以金陵为根本，有根据地依托，"然后遣将四出，分扰南北"的战略方针。由此，首都的选址就被提上了议事日程。

其实，太平天国最高领导层对建都问题曾提出过数种方案，并进行了多次讨论。早在 1852 年围攻长沙时，洪秀全就"欲取河南为家"。杨秀清则主张"专意金陵，立为根本"。及得武汉，他们又考虑建都于武昌。直到攻克南京，建都问题都未最终确定。《李秀成自述》说："此时天王与东王尚是计及分军镇守江南，天王必欲即往河南"。可见"当取天下之日，河南在所必争"的战略位置对洪秀全仍有相当大的吸引力。但最后，太平天国还是决策建都于金陵。归纳个中原因，不外以下三点：

第一，从政治上考虑，必须尽快组织新政权，以与清朝分庭抗礼。

即所谓"大宝既登，民念悉皆向善；金瓯丕奠，群情莫不输诚""淮海隅之遥，无不引领投顺"。

第二，从军事上着眼，定都河南或南京，各有利弊。河南居中原腹心，西进关陇，东达海岱，北取燕晋，南定长江，都是理想的出发阵地，便于进取。但"河南河水小而无粮，敌困不能救解""及天下既定，而守在河南，则岌岌焉有必亡之势"。南京则是"城最高，池最深"，易守难攻。"东有钟阜之高，西有长江之险"，得"龙盘虎踞之形"，在冷兵器时代确比河洛更易于防守。

第三，从经济上衡量，金陵系江南财富之区，其四周郡府率皆"民物浩繁，士林渊薮，其美利真不可胜言者。"且长江千里，自巴蜀至沪上，亦物产丰饶，百货骈集，便于转运。

故太平天国定都金陵，应该是经过兼听博采各方面论述后权衡利弊、审慎决断的结果，而《建天京于金陵论》即是对此项决策的解释文献。

太平天国印书的存世量极为稀少，珍贵异常。据记载，《建天京于金陵论》有癸好（1853年）、甲寅（1854年）、戊午（1858年）三个版本。目前国内有三种出版物刊出该文献：一种是程寅生先生据巴黎东方语言学校图书馆藏抄本收入《太平天国史料第一集》，《中国近代史资料丛刊·太平天国》亦编入。另一种是罗尔纲先生据中国社会科学院近代史研究所藏原刻本以影印和排印入《太平天国印书》，该版本缺封面，卷末有"戊午遵改"朱戳。第三种系王庆成先生据英国图书馆东方部藏本，影印收入《影印太平天国文献十二种》。该版本封面黄纸，双龙双凤图饰，中刻书名，上刻"太平天国癸好三年新刻"。卷首《旨准颁行诏书总目》共二十八部，最后一部为初刻于戊午八年的《醒世文》，可知此本实是后期的重刻重印本。

此为癸好三年初刻本，故价值更高。

（孔令琦）

# 黄缎绣龙马褂

- 太平天国时期
- 捐赠
- 现藏南京太平天国历史博物馆

太平天国黄缎绣龙马褂系由上等黄缎彩线制成，袄短袖肥，中式圆领口，质地华贵，做工考究。其身长 57.5 厘米、腰长 71 厘米、下摆宽 78 厘米、袖长 132 厘米、袖口宽 33.4 厘米，重 457 克。马褂前后和双肩各绣有一条五爪团龙，前后团龙的左右下方各绣两簇牡丹，牡丹上方织云蝠纹。马褂前后下摆和两袖口满绣寿山云海纹，蕴涵江山永固之意。

该马褂由俘获幼天王的湘军将领席宝田族人收藏，于 1949 年后被捐给国家，捐赠者称马褂系从幼天王处搜得。据《贼情汇纂》记载：太平天国在攻下武昌后，"舆马服饰即有分别"；定都天京后，又对原定服制进行改革，既借鉴了清代的传统，又有所创新，形成了一套独特的冠服制度。

太平天国袍服以黄红二色为贵，分黄龙袍、红龙袍、黄马褂、红马褂数种，且均袖口宽大，简洁明快，便于日常活动，有别于清朝官服的马蹄袖及披肩。太平天国规定从天王至丞相都系黄龙袍，检点为素黄袍，从指挥至两司马皆著素红袍，其等差则以黄、红袍服内花绣分别，由各典袍衙、绣锦衙制造。

此外，与清朝明令皇室以外禁用龙的图案不同，太平天国规定，自天王至指挥的黄马褂都绣五爪团龙，天王马褂上绣九团龙，东王绣八团龙，其他如北王、翼王均绣四团龙。金田起义前，为形象指出封建统治的残暴，太平天国曾宣布"龙是妖"，视之为"东海老蛇"，以配合其反清需要。待起义成功后，洪秀全自己当上了天王，穿上了龙袍，便巧立名目，在龙的眼睛上插箭，名之曰"射眼"，以示降服。定都天京后，太平天国便规定："今而后，天国天朝所刻之龙尽是宝贝金龙"，不用射眼，且都为五爪。故在太平天国服饰制度中，龙的图案有广泛应用。

因此，从典章制度上看，该马褂仅绣四条团龙，当不是幼天王的御用之物，且幼天王被俘时已流落民间许久，身着之服饰亦早被乱兵剥去，故席宝田无由从幼天王处得此马褂。但考虑到席氏率兵追击太平军残部，并掳获干王、昭王等诸多藩王，这很可能是太平天国高级官员所用之物。

这件黄缎绣龙马褂是目前存世的唯一一件太平天国后期王一级高级官员的官服，对于研究太平天国的服饰制度及其艺术风格都有着重要的历史价值和艺术价值。

（孔令琦）

# 太平天国壁画

● 太平天国时期
● 南京市秦淮区堂子街
● 现藏太平天国壁画艺术馆

壁画在我国历史悠久，周代就已出现，秦汉大放异彩，隋唐臻至鼎盛。宋代卷轴画成为主流，壁画式微。元明清以降，壁画更趋衰败，除宫殿苑囿的部分构件及寺观祠社等建筑尚有彩绘装饰外，再难觅壁画踪影。

太平天国壁画（含木板彩画等）继承了中国古代壁画的传统，既是其"判尊卑"等级制的一种符号，同时也是为了满足数以千计的府第衙馆"壮观瞻"的装饰需求，具有鲜明的时代特色和大众化的艺术倾向。太平天国失败后，这些壁画也如同其他太平天国遗存一样，遭到清政府的毁灭性破坏，其中绝大部分早已荡然无存。

长期以来，人们除了从时人记载的字里行间里对太平天国壁画有所了解外，几乎对其真实面目一无所知。直到1952年1月南京堂子街太平天国某王府壁画的发现，这种情况才告结束。经著名学者罗尔纲先生鉴定公布后，太平天国壁画艺术开始为人们广泛知晓，并引起学界的高度重视。

该处的一进大厅现存八幅壁画，二进尚有十幅木板彩画，后进二幅木板壁画因烟熏已不甚清晰。其技法娴熟，艺术水平较高，尤以"江防望楼图"和"鹿鹤同春图"为突出代表。

鹿鹤同春图

江防望楼图高 2.77 米，宽 2.018 米，位于一进大厅东侧第二壁。画面上大江岸矗立着一座五层望楼。望楼是太平军登高瞭望、指挥作战的军事设施，方形平顶，每层有窗开启，顶有围栏，角插一旗。望楼之下战船林立，船樯上旌旗猎猎。江之彼岸远山层叠，江汉岸坡石嶙嶙，坡上有茅亭一座，几株柳树稀疏的枝条在风中摇曳，一群飞鸟翱翔空中。透过望楼、船只、远山、茅亭、飞鸟，远近结合，动静呼应，即便没有一个人物，仍突出了天京江防的主题，并将它巧妙地融入宁静祥和的自然美景中，无声胜有声。可惜画面曾遭雨淋，下半部漫漶严重。

鹿鹤同春图高 2.32 米，宽 0.852 米，位于第二进东侧第一壁。画面的下部有一大石，石旁簇拥着红花绿草和翠竹灵芝。一只牡鹿奔至松树旁的石头上，后腿并立，前腿左立右曲，微昂其头，稍缩其颈，鹿角后伸，双耳竖起，眼睛上望前方，嘴巴微微张启，似乎在说着话。棕色的鹿身上缀满白色的斑点，神情含蓄，形态略显夸张。鹿后一株苍劲老松，低垂着虬枝绿叶。松枝的绿叶间，有一只飞翔的白鹤。鹤回首下望，头顶丹红，瞪着眼，微张尖嘴。鹤身稍有下倾，抖着双翅，黑色的尾羽下低垂着细细的长腿，脚爪弯曲。该画构图立意隽永，笔法简练，上下呼应，动静结合，烘托出浓郁的禄寿祥和气氛。

1956 年，堂子街太平天国壁画被列为江苏省文物保护单位。1988 年，国务院将其公布为全国重点文物保护单位。2016 年 5 月 16 日为保护、展示这批艺术珍品而设立的太平天国壁画艺术馆在此正式开馆。

（孔令琦）

# 太平天国木印

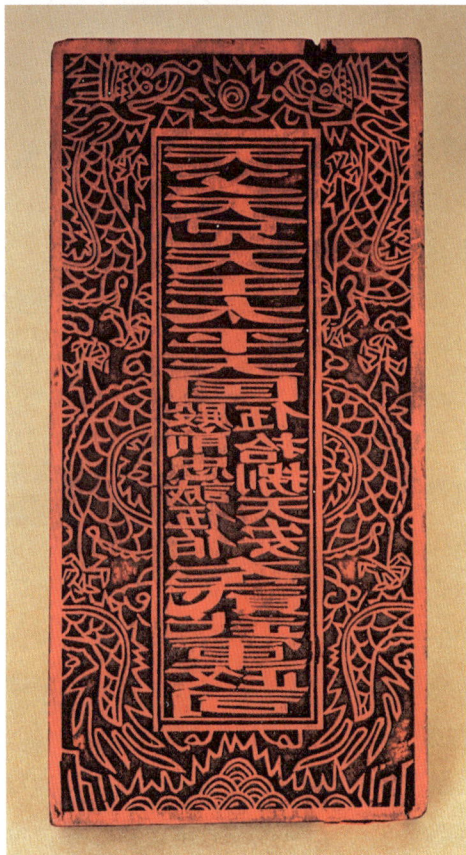

- 太平天国时期
- 征集
- 现藏太平天国历史博物馆

太平天国木印高 20.2 厘米，宽 10.2 厘米，厚 1.6 厘米。印文为"天父天兄天王太平天国殿前忠诚伍佰伍拾捌天安左贰武军政司"，整个木印基本完整，上方边沿部稍有磕损。

太平天国官印自金田起义起即开始颁行，建都天京后设立"镌刻衙"专司其事。其印文大抵宋体正书，四面阳刻云龙边，正中一行另镌一线边，刻官衔于其中，并无"印信关防"字样。初期规定严格："伪东王、伪西王印长六寸六分，阔三寸三分……必系于姓名。伪东王至伪燕王印，长各递减二分，阔减一分，伪侯印长减四分，阔减二分。……伪丞相印长五寸阔二寸五分，以次至两司马，每降一等减长二分半是也。自丞相至两司马印，中一行但刻伪衔，不系姓名，其余杂职及各典官，职同何官，印之长阔即同何官。官卑者多有正副，正副亦皆有印。"关于质地，《金陵省难纪略》记曰："东贼用金，……西、北、南印俱用金铸；翼以银，宽长递减，佐天侯亦银印，天官正丞相银印；余皆铜；再下如总制等则用木。"

太平天国官制取自周礼。初期定丞相以下为官，王、侯为爵。后期则设有义、安、福、燕、豫、侯六等爵位。义爵可能系 1857 年曾封石达开为义王，石达开不受，仍称翼王，所以就取"义"来冠名爵位。安、福二爵，则是因 1857 年 7 月，众心不允，天王洪秀全不得不撤去其长兄洪仁发安王、次兄洪仁达福王的王爵，改封洪仁发为"天安"，洪仁达为"天福"之故。燕爵源自燕王秦日纲被革王爵后所封顶天燕，豫爵源自豫王胡以晃被革王爵后所封护天豫。加上立国之初就设有的侯爵，形成了完整的六等爵位制度。其设立的起因，大致因天京事变后，既要增设爵位以赏功臣，又要限制封王以中央集权的需要。到戊午八年（1858 年）颁布《太平礼制》时，义、安、福、燕、豫、侯这六等爵位就已经完全成型了。六爵都加一天字，又于其上冠一字以为封号，如杰天义、启天安、济天福、晋天燕、定天豫、贞天侯等。其后六爵封多，乏字可用，便以数字编号。

太平天国后期，官爵又分为朝官和属官两大类别，上自最高级的王爵，下至最基层的两司马，皆系朝官，而凡隶属于王、天将以至六等封爵的官员则都称为"属官"。由于广封爵位，加增等级，属官之设多如牛毛，然文献阙如，所存不过一鳞半爪。安爵属官，见诸记载的有文军政司、武军政司、持大旗、承宣、宣傅、协理、户书、兵书、刑书、参军、仆官、仆伺、典尉、典圣粮、典铅码、典马、典囚等诸多名目。

关于国号，则是因辛酉十一年（1861 年）二月天王颁诏，改太平天国国号为"天父天兄天王太平天国"，下令"内外大小军营将相、民家亦然，凡出示以及印文内，具要刻天父天兄天王字样。"

该太平天国木印系 1958 年在南京市三条营幼儿园夹墙中发现，很可能是天京沦陷时太平天国官员密藏进去的。

（孔令琦）

# "南洋劝业会奖杯"紫砂方瓶

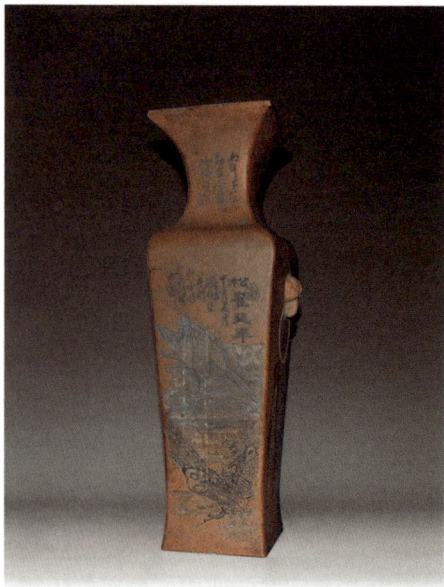

● 1910 年
● 征集
● 现藏南京市博物馆

"南洋劝业会奖杯"紫砂方瓶，高 47 厘米，底径 12 厘米，瓶颈处有"南洋第一次劝业会奖给优等"字样及"陈"字印章，瓶身四周刻各种图案及文字，两侧饰兽首衔环。

南洋劝业会是 1910 年在南京举办的中国近代第一次全国性博览会，历时半年，影响极大。该会由端方、陈琪等洋务派官僚发起、组织，得到了清廷及全国尤其是江浙沪工商界积极支持。

端方曾于 1905 年作为五大臣之一出洋考察，陈琪系其随员，二人皆对近代文明及博览会事业有较具体的感性认识。回国不久端方即出任南洋大臣、两江总督，因江南一带"地当要冲，宿号名区，气候温和，草木畅茂"，于是端方便考虑在此创办"博物之院、赛珍之场"。陈琪就该设想上书指出"若专办植物赛会院，考察种植，研究农学，其有益于国民已属不浅，然于劝工兴商，未能普及""欧美各国农工商务繁盛之原因，无不由赛会而起"，因此主张兴办博览会。关于会场选址，陈琪认为可考虑当时还较为荒芜的南京城北。同时，陈琪还提议会名为"南洋劝业会"。端方深表赞同，旋即致函苏沪工商界要人，劝说其认购商股，实力兴办，并积极游说北京农工商部及张之洞、袁世凯等地方实力派官僚，以求共襄盛举。经过几番努力，1908 年底端方正式将南洋劝业会筹备方案上奏清廷，旋获批准。

南洋劝业会场景

　　端方随即在上海设立董事会事务所，在江宁设立由陈琪负责的坐办事务所，规定南洋大臣为劝业会会长，并提名各副会长、参议人选。不久端方调任直隶总督，新任两江总督的张人骏继任会长，对筹备亦乐见其成。为方便观众游览与会场邻近的玄武湖，张人骏还特地新辟"丰润门"（今玄武门），改变了原先游览玄武湖"必自太平门出，非舟莫渡"的不便状况。

　　1910年6月5日，南洋劝业会隆重开幕。主会场南起丁家桥、北至三牌楼，东邻玄武门，西近将军庙，占地700余亩。全场呈椭圆形，中心建有四方形多层塔楼1座，系劝业会办公场所及会议接待中心。会场内共设34个展区，含京畿、浙江、广东、东三省、四川等各省展馆，教育、工艺、农业、武备等专业馆，醴陵瓷业、金陵缎业、博山玻璃等事业馆及上海江南制造局之兰锜馆、海军陈列所、江浙渔业水产公司之水产馆、广东之教育出品馆等特别馆，另外还有暨南馆展览华侨展品，参考一馆、参考二馆展示外国展品。

　　劝业会会场布置亦极为隆重，门头有用彩灯缀成的"南洋劝业会"

五个大字，进门有喷水池，夜晚时灯火辉映、尤为壮观。会场内设有贩卖部、饮食店、旅社、剧院、游艺场，以及动物园、植物园、马戏团、照相馆、邮局等，还专设电梯，可登高遍览整个场景，使游人备感新奇。为便利运送参会展品及参观者，宁省铁路加筑一条支线直通会场大门，并增设劝业会（丁家桥）站，有小火车每小时一班经过。会场内还有马车、人力车等，可随时雇用漫游。各场馆或以园林取胜，或点缀绿植，错落有致，相映成趣。会场西北端还有跑马场，可用于举办运动会，东北端的"绿筠花圃"则专门开辟为公园供人游览，内部设有憩息所、八角茅亭、鹤亭、虎亭、风力吸水机、玻璃温室、水晶宫、茶社等。

全会展品共有约 100 万件，分农产品、工艺品、水产品、美术品、畜产品、教育品、医药品、机械产品等 24 部、444 类。以江宁提学使李瑞清为会长，江苏谘议局议长张謇为总干事的南洋劝业会研究会组织专家 799 人耗时 3 个月对展品进行审查评奖，评出一等奖（奏奖）66 名，二等奖（超等奖）214 名，三等奖（优等奖）426 名，四等奖（金牌奖）1218 名，五等奖（银牌奖）3345 名，计 5269 名（项）。一等中以丝、茶、纺织品等为多，基本仍为传统手工业。

在为期半年的展会中，南洋劝业会吸引了 20 多万全国各地乃至世界各国的游客，鲁迅、茅盾等皆曾参观过劝业会并被其新奇的技术、壮观的布置而震撼。南洋劝业会事务所则先后发行《劝业会旬报》《劝业日报》等官方资料文献，详细记录了筹备和开展情况。《申报》《大公报》《国风报》《东方杂志》等当时的主流媒体亦争相报道赛会盛况，前来游览的人们也留下了很多日记、笔记及歌咏文字，对劝业会做了全面介绍。

时过境迁，盛极一时的"南洋劝业会"在南京留下的遗迹、遗物为数甚少。除了这件奖杯之外，在 2007 年开始的第三次全国文物普查中，于今南京工业大学丁家桥校区内发现了清末湖北水泥厂参展的水泥阳篷，及当年为慈禧驾临劝业会而准备的行宫门前的两只汉白玉石貔貅，这几乎是南洋劝业会目前仅存的遗物了。

（孔令琦）

# 辛亥革命证书

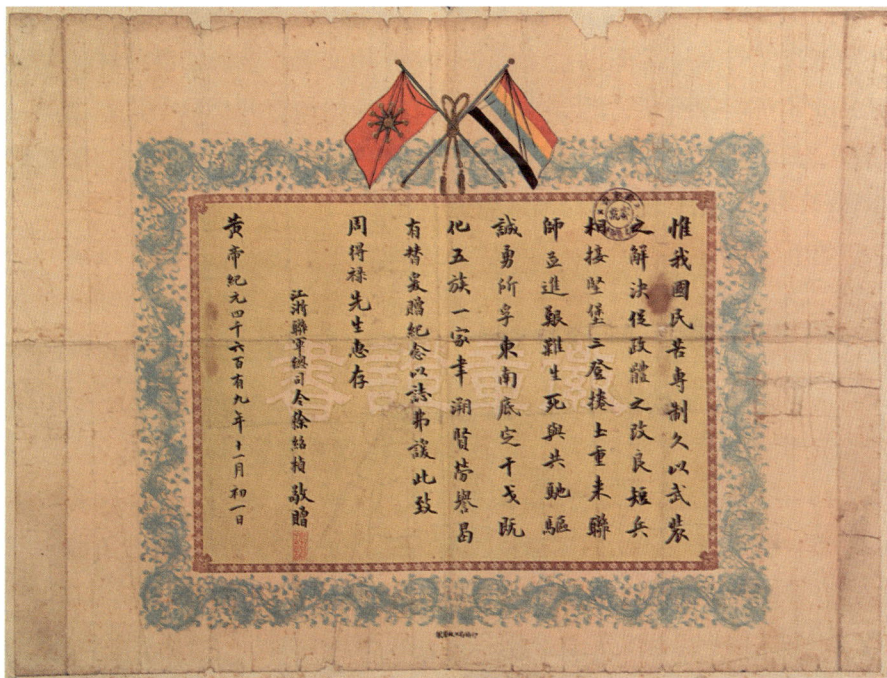

- 1911 年
- 1963 年征集
- 现藏南京市博物馆

辛亥革命证书，由江浙联军总司令徐绍桢发给周得禄，纸质，纵约39 厘米，横 53.5 厘米。证书四周饰有蓝色花纹，上部为辛亥革命标志旗帜铁血十八星旗和五色旗交叉，右上角盖有铨叙部密讫的印章。

证书载有"惟我国民苦专制久，以武装之解决，促政体之改良……"内容，概述了江浙联军攻克南京的史迹，热情赞颂了联军不畏艰难、英勇顽强的奋斗精神。证书的落款日期是"黄帝纪元四千六百有九年十一月初一日"，不以清朝年号纪年，有反清反封建之意。该证书落款处署"江浙联军总司令徐绍桢敬赠"等字，后钤"徐绍桢"阴文之印。这件文物

197

记录了辛亥革命光复南京的重要史实。

1911 年 10 月 10 日，武昌起义爆发，吹响了推翻清朝的革命号角。武昌起义的枪声很快传遍全国，各地革命志士纷纷响应，驻南京的新军第九镇也在暗中准备响应起义。

10 月 24 日，革命党人柏文蔚、范鸿仙来南京策动新军起义，新军第九镇下级军官和士兵闻讯主动前来联络。柏文蔚、范鸿仙潜往秣陵关面见第九镇统制徐绍桢，动员他领导起义。徐绍桢召开标以上代表会议，通过了起义决定，并发动了起义。由于城内的内应，起义失败，加之缺少弹药，最终因战力不支而失败撤退。

第九镇起义失败后，撤往镇江。当时江苏的苏州、常州、淮阴、扬州和上海、浙江等地已光复，南京重被清军布以重兵，这对江浙已光复地区构成严重威胁。革命党各方面代表在上海一致议决，组织江浙联军攻打南京，徐绍桢被推举为总司令。11 月中旬，苏、浙、沪各军云集镇江，江浙联军总兵力 14000 余人，决定分 5 路围攻南京。

1911 年 11 月 24 日，江浙联军进攻沿江炮台，揭开了南京光复之役的序幕。清军筑在钟山的据点被攻克。12 月 1 日，两江总督张人骏、江苏巡抚张勋等见败局已定，请美国领事、鼓楼医院院长马林出面"议和"。当晚，张人骏和江宁将军铁良乘日本军舰逃往上海，张勋率残部 2000 余人，渡江由浦口逃向徐州。12 月 2 日，江浙联军进入南京，城内残余清军全部投降，南京宣告光复。

南京光复后，联军总司令徐绍桢犒赏革命有功之人，令宝庆银楼铸造了"光复南京"的奖章，并以江浙联军总司令的名义，亲自手书颁发奖章证书奖励有功之士，周得禄位列被表彰者之中。

1963 年，南京市博物馆向周得禄后代征集，列入馆藏，成为纪念辛亥革命光复南京的重要文物史料。

（林建英）

# 镀金怀表

● 20 世纪初
● 1956 年捐赠
● 现藏南京市博物馆

　　镀金怀表曾伴随孙中山先生多年。它通高 5.9 厘米，直径 4.7 厘米。该怀表铜质镀金，大小如银圆，便于携带，表面正中圆心上方有 "SURETE" 字样。

　　1911 年 10 月武昌起义爆发，孙中山先生闻讯后于 12 月 25 日抵达上海，受到各界热烈欢迎。12 月 29 日，起义 17 省代表在南京开会选举孙中山为中华民国临时大总统。1912 年 1 月 1 日，先生由沪专车赴宁，"沿途军队及绅商人民来送者，人山人海，拥挤非常。开车时，送者皆脱帽为礼，总统亦还礼。沿途各站，共和万岁的呼声，闻于数里。"

　　就任临时大总统后，中山先生随即组织政府。其主要成员为陆军总长黄兴、内务总长程德全、海军总长黄钟瑛、教育总长蔡元培、外交总长王宠惠、实业总长张謇、财政总长陈锦涛、交通总长汤寿潜、司法总长伍廷芳。这些总长大抵由三方面人员组成：一是以黄兴为代表的革命党领袖；二是以张謇为代表的立宪派要人；三是以程德全为代表的在辛亥革命中转变过来的旧官僚。从当时的实际情况来看，这种安排确实起到了团结各方面力量的作用。至于各部次长，则基本是留学欧美日的新式知识分子，且除海军部次长外，都系同盟会骨干，他们在政府中起着重要的作用，故当时有"次长内阁"之称。

大总统的官署称"总统府"，设于清两江总督署。府内设秘书处，分设总务、军民、财政、民政、文牍、英文、电报等科，由胡汉民任秘书长，并配置秘书若干人，协助总统处理日常工作。总统府编制下还设有：法制院，宋教仁任院长，汤化龙任副院长；铨叙局，设局长1人，书记官、审查官若干人；印铸局，黄复生为局长；公报局，设局长1人，先后由冯自由、但焘担任，另有张翼轸、饶如楚为编辑员；稽勋局，由冯自由兼任局长。另外，总统府还聘任章太炎为枢密顾问，犬养毅为政治顾问，章宗祥、寺尾亨等为法制顾问。

但临时政府建立后，很快便陷入内外交困的尴尬局面。外交上，列强始终不予承认其合法地位；内政上，财政又陷入捉襟见肘的极端困难境地，新生的革命政权从一开始便举步维艰。在南京临时政府存在的短短三个多月时间里，革命党、立宪派、清廷、北洋系等多种政治势力互相较量、明争暗斗，最终使辛亥革命的胜利果实落入袁世凯手中。

1912年2月12日，在各方压力下，清帝溥仪宣布退位，袁世凯旋即通电赞成共和。次日，孙中山先生便遵守诺言，辞去临时大总统职务，并举袁世凯以代之。两天后，南京临时参议院全票赞成选举袁世凯为新任临时大总统。4月1日，孙中山与南京临时政府各部总长、次长举行解职礼，正式宣布解除临时大总统职务。

离宁前夕，中山先生将此表赠予时任总统府建设科长的唐斌，以志纪念，此后这件辛亥革命的历史见证物即由其珍藏。1956年11月，唐斌于中山先生诞辰90周年之际将该表捐赠予南京市博物馆收藏。

（林建英）

# 谭延闿石质印章

● 1928 年
● 征集
● 现藏南京市博物馆

　　谭延闿石质印章，长 4.9 厘米，宽 4.9 厘米，高 4.5 厘米，石质方形。边款楷书"戊辰五月江天刻於白门军次"十二字（当为 1928 年）。此为两面印，一面以篆书刻"谭延闓印"四字阴文，一面以篆书刻"组庵"两字阳文。

　　谭延闿（1880—1930 年），字组庵、祖安，号无畏、非庵，湖南茶陵人。其父谭钟麟为清咸丰六年（1856 年）进士，官至两广总督。谭延闿于 1892 年入府学，1902 年中举人，1904 年中进士。1906 年 9 月，清廷宣布预备立宪，谭延闿等在长沙组织"湖南宪政公会"，积极进行立宪活动。1909 年 10 月，湖南省谘议局正式成立，谭延闿任议长。1910 年冬，他到北京参加全国立宪派联合举行的第三次请愿活动，要求速开国会。1911 年 5 月，清廷成立"皇族内阁"，立宪派大为失望，遂转向反清。武昌起义十余日后，长沙起义即告成功，革命党人焦达峰、陈作新被推举为湖南都督府正、副都督。谭延闿则以省议长之身份大肆揽权，与革命党摩擦不断，在 10 月 31 日发动武装政变，杀害了焦、陈二人。谭延闿继任都督，完全掌握了湖南军政大权。

民国初年，谭延闿周旋于革命党、袁世凯、北洋军阀等各派势力中，数度起伏，基本掌控湖南军政大权。1920 年底，谭延闿被迫离湘赴沪，结束了其在湖南的军政生涯。1921 年 5 月，孙中山在广州就任非常大总统，谭延闿前往投奔，被任命为内政部长和建设部长，获中山先生信任。1924 年 1 月国民党改组后，其政治地位逐渐提高。国民党第一、二、三次全国代表大会，谭氏都当选为中央执行委员。"四·一二"政变后，蒋介石在南京另立"国民政府"，宁汉分裂。谭延闿积极居中联络，沟通蒋汪双方，并在"七·一五"事变后，力促宁汉合流。1927 年 8 月，蒋介石下野。1927 年 9 月 15 日，宁汉沪三方代表在上海成立国民党中央特别委员会，谭延闿被推为成立大会主席，并被任命为改组的"国民政府"常委。

1928 年初，蒋介石重新上台，自任国民革命军总司令兼军事委员会主席，谭延闿一度任国民政府主席。后蒋自任国民政府主席，谭氏便退居行政院长之位。在 1929—1930 年历次新军阀混战中，蒋率师督战时，由于谭恭顺听话，便由其代理"国民政府主席"之职。谭氏一生以圆滑著称，胡汉民比之为"药中甘草"。

从政之余，谭氏还兼治书法，从钱南园、何绍基、翁同龢，上溯颜真卿，并以精擅颜书而誉满天下。求书碑版墓志者，户限为穿，人得其寸缣尺纸，引以为宝。后人论其文字健而不肥，宽而不疏，骨肉停匀，劲挺瑰丽，得浑厚灵逸之妙，为中国 20 世纪代表性书法家之一。

1930 年 9 月 21 日，谭延闿在南京小营试马，忽得中风，次日去世，终年 51 岁。国民政府明令褒奖，举行国葬，将他安葬在紫金山灵谷寺。

（孔令琦）

# 《首都计划》

《首都计划》，纸质，书式印刷，由"国都设计技术专员办事处编印"。

1929 年 12 月 31 日，国民政府正式对外公布了《首都计划》，这是中国最早的现代城市规划，是民国时期最重要的一部城市规划。计划中明确提出将首都建设为全国城市之模范，并争取与欧美名城相媲美。计划吸收了当时古今中外的先进设计理念，对抗日战争前的民国南京城的各项建设发挥了重要的指导作用，对于当今的城市建设仍有相当的参考价值和借鉴意义。

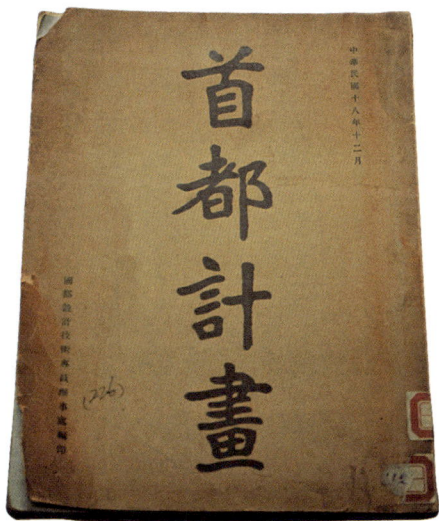

- 1929 年
- 征集
- 现藏南京市博物馆

1927 年 4 月 18 日，国民政府定都南京后，令孙科等"办理国都设计事宜"，计划中的首都要求具备"与 20 世纪城市相关的设施"。

为更好地借鉴欧美先进的规划经验，本着"用材于外"的原则，国民政府特聘美国著名建筑设计师墨菲主持设计，同时还聘请曾留学美国康奈尔大学的国内建筑师吕彦直等作为助手。与当时流行的西式建筑相比，墨菲的作品体现了浓郁的中国古典建筑风格，以西方的建筑方式和手段，展现中国古典建筑之美，即用西方的钢筋、水泥和混凝土仿制中国建筑的斗拱、柱式。这是他最终能"规划南京"的主因。

墨菲等人用了近两年的时间，完成了《首都计划》（THE CITY

PLAN OF NANKING）一书。《首都计划》中宏观规划借鉴于欧美，微观建筑形式采用中国传统建筑。城市空间布局以"同心圆式四面平均开展，渐成圆形之势"，避免呈"狭长之形"，避免"一部过于繁荣，一部过于零乱"。道路系统则是以美国矩形路网为道路规划。《首都计划》引进了林荫大道、环城大道、环型放射等新的规划概念与内容，规定中央政治区建筑当突出古代宫殿优点，商业建筑也要具备中国特色。

《首都计划》大胆地提出将存于南京城内的明代城墙完好地保留下来，并把它巧妙地与南京城市建设融为一体，这个提议获得了当时有识之士的支持，许多人为保护明城墙而奔走，明城墙主体得以保留，为南京的文化遗产保留了最为丰盛的一笔。

以《首都计划》为蓝本，南京开始了一系列的近代化城市建设事业。从1927年至抗战全面爆发的1937年，是南京近代城市建设最为密集、最为有效的时期，南京的城市格局有了明显的改变。南京从六朝古都、大明开国之都向以城市功能为中心的近现代城市转型，初步呈现出现代都市的风貌。

1928年8月，南京第一条柏油马路——中山大道动土开工，这是当时南京市最长的主干道，现在仍为南京城市交通主动脉。以此为中心修建的道路至今仍为南京道路网的主干，而路名也基本沿用至今。

本着对"旧有之建筑物、名胜古迹，以及旧有道路，均酌保留"的原则，在新建的干道两侧，陆续修建了一批中西合璧的政府部院办公楼等公共设施。这些新建的建筑大都采取中西合璧的风格，保留了中国传统的宫殿式外形，同时吸收了西方建筑的优点，创造了20世纪30年代国际建筑史上独有的大屋顶建筑，形成了南京的独特名片——民国建筑。南京现存具有代表性的民国建筑有200余处，其中有134处被市规划局列为保护单位，列为一级保护的有57处，二级保护的53处，三级保护的24处，南京民国建筑成为中国甚至世界建筑史上极为宝贵的财富。

（林建英）

# 日本投降书、抗战胜利受降文具及受降席

● 1945 年
● 征集
● 现藏南京博物院

　　抗战胜利受降文具有相同的两套，一套为中方代表国民党陆军一级上将何应钦接受日军投降签字所用；另一套为日方代表陆军大将冈村宁次签降时所用，每套文具都盛放在一个红漆印花木盒中，有毛笔、墨、砚、水盂、瓷印泥盒、笔架各一件。

　　受降席为并排摆放的 2 张大桌，5 张皮靠椅。日军投降代表席为三张小长桌和 7 把布椅。受降席和投降席桌椅长度、高度尺寸不同，代表了受降时双方的地位不是平等的，当年悬挂在南京受降会场墙壁上的挂钟，钟面指针定格在 9 时整，这是日本侵略者在投降书上签字的时刻，也是中国人民抗战胜利的伟大时刻。

　　日本投降书为纸质，共 6 页，左侧边以蓝白彩带串之，封面有"降书"二字，原件保存于中国台湾"国史馆"。

　　经过中国人民长达十四年的英勇抵抗和世界反法西斯战线的共同打

日本投降签字用桌

击，中国终于取得了抗日战争的最后胜利。1945 年 8 月 15 日，日本宣布
无条件投降，1945 年 9 月 2 日，日本投降仪式在东京湾的美国军舰"密苏里"
号上举行，中国代表军令部长徐永昌在降书上签字。

　　1945 年 9 月 9 日，中国战区受降仪式在南京中央陆军军官学校隆重
举行。学校布置一新，大门上扎满松柏，上书"和平永奠"，校内岗哨林立，
彩旗飘飘，人声鼎沸。上午 9 时，中国战区日军投降仪式在学校大礼堂
内正式开始。何应钦率第三战区司令长官顾祝同、陆军总司令部参谋长
萧毅肃、海军总司令陈绍宽、空军指挥部参谋长张廷孟等作为中国受降
官接受日军投降。

　　日方投降代表由侵华日军中国派遣军最高司令冈村宁次率领。冈村
宁次在日记中记述，他自己努力压抑着内心的惶恐和羞耻，僵硬地做着
应该做的事情，在降书上签字，盖章。昔日战场上不可一世的日本军人，
此刻低头垂胸，颤抖的手把印章都盖歪了。冈村宁次签好字盖好章后，
由日军总参谋长小林浅三郎双手呈交何应钦阅示，何应钦检验过后，签
上自己的名字，并盖章。

　　礼成后，冈村宁次带领日方投降代表离席。侵华日军 128 万余人向
中国投降。历史定格在此时。日本侵略者签字投降，标志着中国人民的
抗日战争终于取得了最后胜利。这份由何应钦和冈村宁次签字的降书，
是中华民族抗日战争胜利的标志，也代表着南京城的荣耀。

（林建英）

# 金地粉彩万花瓷餐具

● 20 世纪 40 年代
● 南京军管会接收
● 现藏南京市博物馆

　　粉彩金地万花瓷餐具（以下简称"国府款万花瓷"）一组有多个种类，共 22 件，有酒壶、小酒杯；茶壶、带柄茶杯；大中小椭圆盘三种，大小深浅不一的盘碟七种；大小碗两种，大中小盖碗三种和带托盖碗；大小调羹两种。胎质细腻，胎色洁白，胎体厚薄均匀，所有餐具口沿描金，盘、碟、调羹内壁满饰牡丹、莲花、菊花、皮球花、牵牛花等粉彩花卉，花卉间隙露金地，外壁有花卉纹。碗、壶、杯外壁满饰粉花卉，花卉间隙露金地。器身底部或盖碗捉手内双框倭角朱红篆书"国民政府"款。

　　万花瓷又被称为"粉彩百花瓷"。这种纹饰多在瓷器主体中心部位绘牡丹花等大朵纹样，在周围加绘菊花、皮球花、牵牛花等各种花朵图案，并且画有很精细的辅纹，让画面覆盖全器，器不露地，寓意百花呈瑞，盛世升平。万花瓷始于乾隆，兴盛于嘉庆，又称"万花堆""锦上添花""百花图"等。赵汝珍的《古玩指南》："嘉庆……佳品不多，唯万花瓷品俗名百花，到底以此时为佳耳。"清末民国时多有仿烧。这组国府款万花瓷继承了乾隆时期百花纹的精细规整，又用金彩打底，显得更加富丽堂皇、雍容华贵。餐具口沿描金有脱落，应该是长期使用的结果。

这批餐具原藏于南京总统府，之后被南京军管会接收，20世纪50年代，南京市博物馆又从南京军管会接收。这批餐具应该就是中华民国时期在景德镇烧造的国宴餐具，在当时享有"国府御瓷"的美誉。

国府款万花瓷在文史上的正式记载不多，《民国瓷器鉴定》一书引用《景德镇文史资料》在陶瓷实业家一章中提到了"吴先志（1888—1944年）和九江轮船招商局的李颂霖在九江开设德成瓷号。国民政府的首套国宴用瓷就是由德成瓷号设计、承办、押送至南京。这批瓷器包括四套中西两用餐具，一套金地万花、一套料地描金万花、两套黄地万寿无疆，底款均为四方倭角朱红'国民政府'篆款，尤以金地万花最为华美，精工细彩不逊于清盛世瓷。"

有人认为这批餐具就是抗战胜利瓷中的万花瓷餐具。1946年7月，为了纪念二战胜利需要制作一批精细礼品瓷送给外国友人。蒋介石在庐山避暑会见了当时的江西省陶校校长汪璠。经过商谈，决定由陶校负责设计这批瓷器。设计时间大致一个月。图纸送往南京后定下6种胜利瓷：蝠耳斛桶桶瓶、双耳盾式瓶、挂盘、寿桃碗、万花餐具、新型餐具。"底款拟用中华民国三十六年中正等字样"。这和馆藏餐具的底款不符合。存世的抗战胜利瓷与国府款万花瓷风格也不尽相同。

金地粉彩万花瓷餐具的由来还值得探讨，它虽非民国瓷器主流，但制作精良，代表了当时制瓷的最高水平，这为研究当时的景德镇瓷器提供了实物资料。通过这批瓷器正确地评价民国瓷器，这是我们研究国府款万花瓷的重要意义。

（戴慧婷）

# 周恩来签名的法币

- 1946 年
- 20 世纪 90 年代捐赠
- 现藏中共代表团梅园新村纪念馆

　　周恩来签名的法币，纸质，长 14 厘米，宽 7.4 厘米。民国政府"中央银行" 1942 年发行，面值 500 元，法币，编号 F/E469710。纸币上印有孙中山半身像，签有"周恩来" 3 个字的手迹。

　　1946 年夏天某晚，在南京一家冷饮店，林雨水等 5 名国民党空军飞行员巧遇周恩来和邓颖超。林雨水等人上前与周恩来攀谈，并向周恩来表示，他们都是归国华侨，是回到祖国参加抗战的，现在日本人打败了，可是国民党又要打内战，他们不愿自相残杀。周恩来肯定了他们的爱国热诚，并告诉他们，在解放区也有很多像他们一样的爱国华侨，周恩来说共产党也是热爱和平、反对内战，现在正在跟国民党进行谈判。林雨水等飞行员们十分敬佩中国共产党和平民主的政治主张，他们准备离开国民党空军回家，迫切希望国共谈判成功，并表示了自己坚决不打内战的愿望和决心。

　　临别时，林雨水等 5 名爱国华侨飞行员请周恩来为他们签字留念，周恩来欣然允诺。林雨水他们翻遍身上的口袋，都没有找到笔记本之类可以签字的东西，情急之下，他们掏出5张500元面额的法币请周恩来签名。周恩来挥笔在上面签下了自己的名字。周恩来邀请这些爱国的飞行员们有空的时候去解放区看看。

林雨水等5名爱国华侨飞行员回去之后，多次呈交辞职报告，进行了若干交涉。最终，他们脱离了国民党空军，为解决生计问题，进入一家名为中央航空公司的民航公司。在这期间，他们一直关注着周围人的思想活动情况，掌握他们的动态，帮助革命进行一些活动。

1949年，林雨水参加了香港"两航起义"，投入到人民军队的怀抱。中共中央专门在北京饭店为起义人员举行宴会，周恩来在宴会厅看到林雨水后，很快认出他来，高兴地说"你们到底到我们解放区来了。"周恩来对全体起义人员说："你们起义回来，对国防建设贡献很大。今后要起骨干作用。"并不断鼓励大家为建设新中国努力工作。

林雨水始终铭记总理的教导，即便后来遇到不公正的待遇，他始终像保护自己的生命一样保护着这张法币。在他最困难的时候，每当看到总理签字的法币，记起总理的一系列教导，就会产生克服困难的勇气。20世纪70年代末，林雨水移居香港，有一段时间身体不好，经济窘迫，有人愿出高价购买这张周恩来签字的法币，但他始终没舍得卖掉。20世纪90年代，林雨水将这张珍藏一生的法币，捐赠给了中共代表团梅园新村纪念馆，供后人参观学习。

（林建英）

# 五彩人物敞口瓶

这件五彩人物敞口瓶为瓷质，高45厘米，口直径17.5厘米，腹径20厘米，瓶腹部为八仙图，瓶身有不规则的大冰裂纹，为民国初年江西景德镇窑仿明代成化年间的瓷器。

国共谈判期间，马歇尔作为美国总统特使，全面参与调解工作。因调解工作迟迟没有起色，加之任期将满，经过多方协调，马歇尔向杜鲁门推荐空缺了数月的美国驻华大使人选——司徒雷登。

1946年7月，美国政府任命司徒雷登为美国驻华大使，协助总统特使马歇尔协调国共和谈。司徒雷登，1876年出生于中国杭州一个美国基督教家

● 1946 年
● 捐赠
● 现藏中共代表团梅园新村纪念馆

庭，在中国居住了五十多年。他曾任燕京大学首任校长，为中国培养了大批卓越人才，并在抗日战争时期同中国人民共患难。早在1938年，周恩来就已同司徒雷登相识，此后一直往来不断，毛泽东也曾在1940年秋致电慰问过因坠马受伤的司徒雷登。1945年重庆谈判期间，毛泽东、周恩来同司徒雷登之间更是有过两次会面，相谈甚欢。

对于司徒雷登的任职，国内各方势力都表示欢迎。中共代表团周恩来、邓颖超、董必武、叶剑英等人纷纷为此发表讲话，对司徒雷登博士的任职表示热情的欢迎，周恩来还在谈判驻地梅园新村30号专门宴请了司徒

雷登。

　　司徒雷登自出任大使之日起，就卷入了政治的漩涡，他代表的是美国政府，所作所为必须是美国政府意志的体现。1946年8月26日，周恩来在梅园新村17号中共代表团驻地召开记者招待会。在谈到马司调解时，周恩来把美国政府同它的执行者马歇尔、司徒雷登严格地划分开来。他说，目前美国朋友仍在努力，希望促进中国和平，可惜他们的努力被美国政府的反华政策抵消了。马歇尔将军、司徒大使在此谈和平，而美国政府却把海陆空军的许多物资、器材援助国民党，鼓励其打内战。这一错误政策应立即停止，应该受到世界舆论的谴责。

　　1946年11月15日，由国民政府一手包办的"国民大会"在南京开幕，除国民党以外，只有青年党、民社党和少数无党派人士参加。至此，和谈的大门被国民党关上。

　　1946年11月19日，周恩来率领中共代表团邓颖超、李维汉等十余人，结束历时一年多的艰难而曲折的谈判，乘美军专机回到延安。

　　在返回延安之前，周恩来特地买了一只仿明五彩花瓶委托王炳南转送给司徒雷登，瓶腹绘有八仙过海人物画。周恩来借花瓶之寓意，既表达了希望永久和平的愿望，同时又祝愿司徒雷登平安。

　　司徒雷登非常喜爱这只花瓶，多年来一直带在身边，每当看见这只花瓶，便会怀念起周恩来的高贵品质。作为谈判对手，他从心底佩服周恩来。周恩来总是能够镇定自若，即使面对危险关头，也从不胆怯，始终以一种不卑不亢、沉着稳定的姿态出现在谈判桌前。谈判之余，周恩来公私分明，以诚相待，像朋友一样关心司徒雷登。司徒雷登曾说，周恩来是一位才思横溢，具有罕见风度和魅力的人。

　　1949年，司徒雷登离开中国的时候，随身家当只有一只大皮箱，皮箱里除了存放着司徒雷登使用的衣物外，还有这只周恩来赠送的五彩花瓶。在美国四十多年来，他一直将这只五彩花瓶带在身边，悉心珍藏。晚年病重时，他曾对秘书傅泾波说：余过世后，此物当归还原主。经过一番努力，傅泾波三女儿傅海澜受父亲委托专程来华，终于将花瓶送回中共代表团梅园新村纪念馆。

（林建英）

# 周恩来个人户口卡

◉ 1946 年
◉ 1960 年征集
◉ 现藏中共代表团梅园新村纪念馆

周恩来个人户口卡为长方形，纸质，长约 21 厘米，宽约 13 厘米。户口卡为统一制式，印刷体，对姓名、性别、教育程度、年龄、属籍等信息登记得非常详细，右侧贴有周恩来的一寸黑白照片。根据户口卡信息显示，周恩来填写户口卡时的年龄为 47 岁，服务处所为"中共代表团"，本籍为"浙江绍兴"，居住本市年月原本填写的是"（民国）35 年 5 月"，即 1946 年 5 月，这个时间是中共代表团刚从重庆来到南京的时间。后这个时间被划掉，改写为"三个月"，即在南京居住的时间约为三个月。家属人数开始填写了"70"，后又划掉。

周恩来的个人户口卡是国共南京谈判期间，国民政府为了监视和控制中共代表团的活动，命令首都警察厅要求代表团成员办理的身份户口管理材料。这些户口卡有中共代表团的集体户口卡，也有个人户口卡，所有的户主都是周恩来。为加强监视,国民政府要求中共代表团所有成员都必须办理户口卡,以登记备案,随时监控,并要求在户口卡贴上个人头像照片,规定由本人亲笔填写。在办理户口卡时,除中共代表团公开身份的成员外,有些秘密工作者尽量不办理,以免被特务盯梢,难以开展工作。中共代表团在南京谈判的短短十个月时间里,成员加起来有近200人,但目前留存的个人户口卡只有87张。

1949年新中国成立后,中共代表团办事处旧址即被人民政府妥加保护,并筹备建立纪念馆。1960年,筹备组工作者将这些珍贵的户口卡从南京市公安局征集来,这些户口卡后来并评定为国家一级文物,见证了中共代表团同国民政府谈判时的艰苦岁月。

(林建英)

# "蒋中正"签名章

● 中华民国时期
● 1949 年征集
● 现藏南京市博物馆

　　蒋介石签署文件所用签名章，把手柱形，印文长方形，印面铸楷书"蒋中正"三字，长 10.5 厘米，宽 3.8 厘米，高 11.8 厘米。此印当系渡江战役中中国人民解放军缴获的战利品。

　　1948 年冬，淮海战役后战线逼近南京。1949 年 4 月 1 日，国共双方开始在北平进行谈判，至 15 日协商拟就《国内和平协定（最后修正案）》。但截至 20 日，南京国民政府仍拒绝签字，谈判宣告破裂。当晚，由人民解放军第二、第三野战军各部组成的渡江突击集团百万大军，在总前委的统一指挥下，从东起江阴、西至湖口长达 500 公里的战线上，以排山倒海之势向长江南岸发起强大攻击，打响了举世瞩目的渡江战役。1949 年 4 月 21 日，毛泽东主席和朱德总司令向全党全军发布《向全国进军的命令》。

　　南京国民党当局十分震惊，紧急部署撤退事宜，要求所有机关、部队于 1949 年 4 月 23 日上午撤离南京。南京城内瞬间炸开了锅,总统府、行政院、各院部会署机关的庞大队伍及辎重车辆在一片混乱中涌向城东各个城门、长江码头和下关火车站,撤离人员大部分出中山门沿宁杭公路向上海、杭州方向逃跑,准备再辗转去广州。由于人流如潮,道路狭窄,一路上小轿车、吉普车、大客车、卡车相互交织,拥堵不堪。

1949 年 4 月 23 日午夜,解放军强渡长江成功后立即向南京市区作钳形穿插。最先渡江的 35 军 104 师一个加强营以及两个团的部队,从南京城左侧迂回前进,迅速占领天文台、446 最高峰和中山陵等地,控制了城东和紫金山;担任二梯队的 103 师自浦口上游渡江后,从南京右翼直插清凉山、水佐岗、五台山等制高点,控制了城西和下关江面,从而保证了后续部队渡江的安全;105 师则从浦口渡口渡江,直插南京市中心,占领了从新街口到中山门一线的市区。

在此期间,104 师 312 团特务连战士在南京起义警察的引路下,首先突入市区,直奔总统府而去。此时的总统府大门紧闭,空旷的院落中遍地狼藉,乱七八糟地散落着文件和纸片,焚烧后的灰堆中则不时冒出缕缕青烟。子超楼二楼东首"总统办公室"的木牌还依然挂着,宽大的办公桌上台钟、文具等陈设依旧。解放军到达后,未遇任何抵抗,旋即将其全部占领。天亮时,总统府门楼上高扬的红旗宣告了国民党政权的崩溃,历史从此翻开了崭新的一页。

(林建英)

# "京电号" 火轮

● 近代
● 2009 年征集
● 现藏渡江胜利纪念馆

"京电号"小火轮，钢制，蒸汽机动力拖轮，船身长 23.1 米，宽 4.25 米，船帮高 2.18 米，吨位 41.4 吨。1925 年由上海"沈宝记"商号的造船厂制造，船身由钢材、木材、玻璃、橡胶四种材质制成。新中国成立前，"京电号"是国民党首都电厂（今南京下关电厂）的运煤船，在渡江战役中立下赫赫战功。

1949 年 4 月 20 日，中国人民解放军百万雄师发动渡江战役。国民党军队为阻止解放军渡江，把江北的船只或烧掉或拖至江南，无船可渡江成为摆在解放军面前的难题。22 日下午，第三野战军第三十五军派出一〇三师的 5 名侦察兵，乘坐小木船，从浦口码头过江，到下关寻找搭载士兵过江的船只。侦察兵冒着炮火抵达下关，并与下关电厂的中共地下党员取得了联系。当时，其他的船只都被破坏了，"京电号"小火轮由于放在电厂水泵房的后面，因此幸存下来。渡江战役打响之际，国民党首都电厂的工人接到地下党接应渡江部队的指示。他们以需要运煤发电为借口，将这艘船留在了南京下关码头。

1949年4月23日晚，下关电厂的6名船工接到命令，载着侦查员，将这艘"京电号"小火轮开赴长江北岸。第三十五军一〇三师的120名指战员作为解放南京渡江战斗的第一支部队，在"京电号"上架起了数挺机枪，冒着长江南岸国民党军队射来的密集炮火，单船劈波奋勇向前，最终成功在南京下关码头登陆。就这样，"京电号"成为南京解放过程中的"渡江第一船"，并登上了历史舞台，它连续奋战11小时，运送了1400多名解放军指战员进入南京城，一〇三师成为第一批渡过长江进入南京城的部队。4月25日，邓小平、陈毅听说了"京电号"的故事后，欣然乘坐"京电号"渡过长江，来到下关码头，"渡江第一船"的美誉也跟着流传开来。

新中国成立后，曾经战功赫赫的"京电号"被运送到了连云港灌南县，支持地方水运事业。2009年3月，已超龄服役的"京电号"被迎回南京，由渡江胜利纪念馆收藏，成为该馆的镇馆之宝，无声地向观众诉说着过去的岁月。

（林建英）